June Miller

Warum sinken, wenn du schwimmen kannst?

Sieben Schritte für eine Frau zu einem frohen Leben

Verlag der
Francke-Buchhandlung GmbH
Marburg an der Lahn

1. Auflage 1976
2. Auflage 1977

ISBN 3 920345 62 2

TELOS-Paperback Nr. 2003
Übertragung aus dem Amerikanischen von Ruth Müller

Umschlagentwurf: Egon Schwartz
Gesamtherstellung: St.-Johannis-Druckerei C. Schweickhardt
7630 Lahr-Dinglingen
Printed in Germany 15161/1977

Dieses Buch soll meine Dankbarkeit für den außergewöhnlichen Ehemann zeigen, mit dem ich in einunddreißigjähriger Ehe verbunden bin.

Alle geschilderten Ereignisse sind tatsächliche Begebenheiten, durch die Gott mir gezeigt hat, daß mein Sehnen nach Frieden, Liebe und Glück nur in der Beachtung seiner Lebensregeln Erfüllung findet.

Inhalt

Vorwort

Wenn vollkommenes Glück in sieben Päckchen vermittelt werden könnte, wie viele Päckchen würden Sie nehmen?

Gott hat ein erstaunliches Geschenkpaket vorbereitet, das unter Garantie jedem Menschen, der es öffnet und gebraucht, Frieden, Freiheit von Angst und dauerhaftes Glück bringen wird. Das Paket enthält sieben Grundsätze. Sie sind nicht an Gesundheit, Reichtum, Zeit, Personen, Orte, Umstände oder Dinge gebunden. Nur wenige Menschen entdecken je mehr als eines davon.

Der vierzehnjährige Kevin fragte: »Was ist eigentlich verkehrt mit unserer Familie? Scheinbar versucht jeder, den anderen am Glücklichsein zu hindern. Wir beten zwar und gehen zur Kirche, aber irgend etwas stimmt nicht.«

Viele Menschen haben den ersten Grundsatz ihrer ewigen Seligkeit erkannt, aber sie haben nie das große Abenteuer entdeckt, das die anderen sechs Prinzipien vermitteln. Diese Prinzipien wollen die Beziehungen der Menschen zueinander regeln. In ihnen liegt das Geheimnis eines friedvollen Geistes und eines glücklichen Herzens verborgen – das Geheimnis einer Persönlichkeit, die ein Heim und die Menschen, die darin leben, verändert.

Diese Grundsätze sind Schrittsteine, in Gold gefaßt, die jeden Menschen zu ungeahnten Reichtümern führen. Die bittersten Erfahrungen erhalten unschätzbaren Wert, wenn wir den Grund und die Ziele, die Gott damit verfolgt, erkennen. Ausgewählte Geschenke sind oft mit einem dunklen Band verziert, und die schönsten Edelsteine kommen auf schwarzem Samt am besten zur Geltung. Genauso ist es mit vielen Ereignissen in unserem Leben.

Möge Gott dieses Büchlein benutzen, um Ihnen sein unvorstellbar reiches Liebesgeschenk zu erschließen, damit Ihre Umgebung diesen Reichtum im täglichen Leben erfahren kann.

Hoffnung, Tragkraft des Glaubens,
stark in den Krisen des Lebens,
der goldene, unzerreißbare Faden,
der uns zur Entdeckung von Gottes Plänen und Zielen führt.

1. Hoffnung

Wenn jemals eine Frau Hoffnung brauchte, dann war ich diese Frau.

Das schrille Klingeln des Telefons unterbrach den Frieden des strahlenden Herbstmorgens. Ich nahm den Hörer ab und hörte unseren Hausarzt sagen: »June, der Befund der gestrigen Biopsie ist zurück. Sie haben Krebs. Ich erwarte Sie in etwa dreißig Minuten im Krankenhaus.«

Dreißig Minuten! Ich hatte dreißig Minuten, um mich selbst und meine Familie auf eine Krebsoperation vorzubereiten. Meine Gedanken durcheilten die Vergangenheit unserer Familie. Da waren einige Fälle mit bösartigen Geschwülsten, einschließlich meiner zwei Brüder. Alle Fälle waren tödlich verlaufen.

Ich hielt krampfhaft den Hörer fest. »Dr. Brown, wer wird die Operation durchführen?«

»Tja, es ist Samstag und fast Mittag. Es wird schwierig sein, um diese Zeit einen Chirurgen zu finden, aber wir werden einen ausfindig machen. Ich sehe Sie in dreißig Minuten.«

Das war nicht sehr vertrauenerweckend. Es hörte sich an, als ob sie am Ende vielleicht einen Tierarzt auftreiben könnten!

Minuten später ging ich durch die Schlafzimmer unserer fünf Kinder und befahl jedes einzelne der Hand Christi. Lieber, kleiner Jeff, er war gerade drei Jahre alt. Joy, unser schönes, kleines Mädchen wirkte so zerbrechlich zwischen vier Brüdern. Der dreizehnjährige Mike mit seiner Liebe für alle Menschen und seinen vielen Freunden würde genügend Anschluß finden, der jeden Verlust ausgleichen könnte. Vielleicht würde Mark Halt in seiner Musik finden. Ray war fast einundzwanzig . . .

Warum hatte Gott eine so schwierige Zeit ausgewählt? Würde ich zu meiner geliebten Familie heimkehren?

Ich konnte mir durchaus vorstellen, daß Gott meinen Kindern eine bessere Mutter geben könnte und daß er für meinen Mann eine Ehefrau reserviert hatte, die viel wertvoller für ihn sein könnte, als ich das je war. Denn Gott hatte mich etwas gelehrt: Er nimmt nie etwas, ohne uns etwas viel Besseres dafür zu geben! Und falls Gott mich jetzt aus dieser Zeit abrufen möchte, um mich in die ewige Heimat zu versetzen, die er für uns bereitet hat, so brauchte ich mich nicht zu ängstigen.

Aber in solchen Krisenmomenten ist Angst nicht das einzige Gefühl, mit dem wir fertig werden müssen. Niemand von uns möchte gerne seinen Platz einem anderen überlassen. Und obwohl es eine bessere Mutter und Ehefrau für meine Familie geben konnte, war ich doch nicht bereit, einfach zur Seite zu treten, im Hinblick auf eine tödliche Krankheit schon gar nicht.

Dann mußten die endlosen Bedürfnisse der Familie berücksichtigt werden. Mit einem geringen Einkommen und ohne Versicherung würde es finanzielle Schwierigkeiten geben. Wir hatten keine Verwandten in der Nähe, die für die Kinder sorgen konnten, die kochen und waschen und die vielen anderen täglichen Dinge erledigen würden.

Aber Gott ist immer im Dienst!

Wie mit sanfter Stimme sprach der Heilige Geist zu mir: »Gebet eure Leiber zum Opfer, das da lebendig, heilig und Gott wohlgefällig ist. Das sei euer vernünftiger Gottesdienst« (Röm. 12, 1).

Wie befremdend, daß dieser Vers mir jetzt so lebendig wurde! Hatte ich meinen Körper, mich selbst nicht schon vor Jahren Gott übergeben? Hatte er ihn nicht gebraucht, um viele Menschen mit der Geschichte seiner Liebe zu erreichen? Er wußte doch, daß ich ihn liebe . . .

Ja, das stimmte. Aber ich mußte wohl daran erinnert werden, daß mein Körper nicht mehr mir selbst gehört. Wie schnell wollte ich die Verantwortung für das, was ich Gott gegeben hatte, wieder an mich reißen, nur weil nach meiner Meinung etwas verkehrt lief. Ich war im Begriff, die Dinge selbst in die Hand zu nehmen, so als ob Gott in Ferien wäre. Aber genau das ist mit dem unnötigen Sorgen gemeint: versuchen, das zu tun, was Gottes Arbeit ist; die Verantwortung auf uns laden zu wollen, die Gott für sich alleine reserviert hat. Wenn ich meinen Körper ihm gegeben habe, dann ist es sein Körper, der Krebs hat, nicht meiner – denn ich bin sein. Kann er nicht für das Seine sorgen? Wenn nicht, wie kann ich mir einbilden, ich könne es?

Ich übergab die Gegenwart Gott.

»Vater, hilf mir, hinter das augenblickliche Geschehen zu schauen, denn du liebst mich, du willst mir helfen, einen tieferen Glauben und eine herrlichere Hoffnung zu entdecken, als ich sie je vorher erfahren habe.«

Wenige Minuten später erreichte ich das Krankenhaus und wurde von einem Arzt empfangen, den ich nicht kannte. Er stellte sich mir als ein Krebsspezialist der Mayoklinik vor. Nach einem kurzen Aufenthalt in der Röntgenabteilung wanderten wir einen langen Gang hinunter. Als er die Flügeltüren zur Chirurgie aufstieß, sagte der Arzt: »June, wir haben beide in Chikago gelebt. Ich frage mich, ob Sie einen Freund kennen, den ich dort kennenlernte?«

Ich fragte ihn, wer sein Freund sei. Er antwortete: »Jesus Christus«, und er fuhr fort, mir von der Freude und der Wirklichkeit zu erzählen, die er in diesem lebendigen, liebenden Heiland gefunden hatte, der nun sein tägliches Leben regiere.

Als wir in den Operationsraum kamen, stellte er mir drei Ärzte vor, die ihm assistieren würden. Jeder von ihnen versicherte mir mit gleicher Offenheit und Echtheit, daß er zur Familie Gottes gehöre.

Nach den menschlichen Terminkalendern waren in dem herrlichen Ferienland von San Diego samstags nachmittags keine Ärzte zu sprechen. Aber nach Gottes Plan war dieser Samstag ein einmaliger Tag, für den er die besten Krebsspezialisten dieses Landesteiles reserviert hatte. Und sie alle waren Diener Christi. Es war ein Tag, an dem ich das kostbarste Liebesgeschenk Gottes erhielt. Mit einer dunklen Schleife? Ja – aber viele wertvolle Geschenke sind so verpackt.

»June, wollen wir zusammen beten, ehe wir mit der Narkose beginnen?« fragte der Chirurg.

Welche Szenerie für solch altmodisches Tun! Ein Raum voller greller Lampen, komplizierter Instrumente und einem Spezialistenteam, das wegen einer einfachen Frau hierhergekommen ist. Aber die wichtigste Person, die anwesend war, war Gott.

»Vater, ich gebe dir meine Hände, und ich gebe dir Junes Körper. Bitte wirke du als der große Arzt durch mich und entferne alle kranken Teile, damit sie wieder ganz gesund wird. Ich danke dir, Vater.«

Ehe ich zum Krankenhaus kam, hatte Gott mich daran erinnert, daß ich ihm meinen Körper gegeben hatte; nun erneuerte dieser Arzt meine Übergabe. Niemand kann einen anderen Menschen Gott übergeben, aber wir können jemand der Fürsorge Gottes anbefehlen. Jeder Mensch hat das Vorrecht, sich selbst in die Hände des Retters zu legen. Nur ich selbst kann mein Leben Gott schenken, es ihm ganz zur Verfügung stellen, damit er es gebraucht. Dasselbe gilt für jeden einzelnen Menschen, es gilt auch für Sie.

Seit diesem denkwürdigen Herbsttag sind sieben Jahre vergangen, und vieles ist in der Zwischenzeit geschehen. Die Krebsoperation war erfolgreich, aber es blieb eine schreckliche Narbe. Man hatte mir gesagt, daß Frauen, die sich einer totalen Brustoperation unterziehen mußten, sich im allgemeinen nur schwer an diesen Zustand gewöhnen. Am Anfang zeigte sich die Narbe rot und zornig, und das war eine ständige physische Empfindlichkeit.

Jetzt, sieben Jahre später, ist das kranke Gewebe verschwunden, und ich erfreue mich bester Gesundheit. Alles, was übrigblieb, ist eine schwache Narbe, aber eine Narbe, die einem verborgenen Schatz gleichkommt. Sie erinnert mich ständig an die *Hoffnung*, die Gott mir durch diese Erfahrung schenkte.

Ich hatte immer Angst vor der Angst gehabt. Keine Angst vor Krebs, obwohl unsere Familie einige Erfahrungen damit gemacht hatte, sondern eine schreckliche, tiefe Furcht, die in Krisenzeiten aus dem Verborgenen emporsteigt. Eine wilde, verzweifelte und verzehrende Angst, es könnte etwas geschehen, mit dem ich nicht fertig werden kann – Angst vor wilder Panik.

Im Angesicht der Krebsoperation durfte ich erfahren, daß Gott meine Angst, in einer großen Krise nicht bestehen zu können, für immer von mir nahm. Zusammen mit dem Krebsgewebe entfernte Gott das kranke Gewebe gefühlsmäßigen Verhaltens – Schuld, Angst, Versagen –, so daß ich in Wahrheit frei und glücklich leben kann.

Meine Narbe erinnert mich außerdem an die wunderbare Güte Gottes, die uns als Familie weiterleben ließ. Seit wir dem möglichen Verlust des Ehepartners gegenüberstanden, erleben Hal und ich eine viel tiefere und reichere Liebe füreinander und für unsere Kinder; und die Kinder schätzen uns viel mehr als je zuvor.

Schließlich ist meine Narbe eine einzigartige Gelegenheit, anderen Frauen zu helfen, die in Not und auswegloser Angst gefangen sind – Frauen, die die heilende Kraft Gottes brauchen. Was als Begrenzung und Hindernis erscheint, kann zu einem ganz besonderen Kennzeichen und zum Zeichen seiner Herrlichkeit werden. Richten Sie Ihren Blick auf die Schönheit und die Allmacht Jesu und danken Sie ihm – ja preisen Sie ihn für die Narbe. In dem Maß, wie Ihnen die Narbe ein lebendiges Zeichen seiner täglichen Liebe und Fürsorge ist, wird Gott Sie gebrauchen, um das Leben anderer zu erhellen, die in Dunkelheit, Angst und Hoffnungslosigkeit gefangen sind.

Nun, ich sehe schon, einige sind mir jetzt einen Schritt voraus und fragen: »Aber was ist mit körperlichen Behinderungen, die keine Medizin und keine Operation beheben kann? Was ist mit den Dingen in unserem Leben, die wir nicht ändern können?«

Lou ist eine Freundin, deren körperliche Behinderung sie an ihre Wohnung fesselt. So gab sie Gott ihr Telefon als Liebesgabe. Sie teilt ständig Menschen in Not den Trost mit, den sie aus dem Wort Gottes empfängt, sie betet mit ihnen und richtet sie auf. Lou erzählte mir kürzlich, daß etwa hundert Leute während der Weihnachtsfeiertage »vorbeigekommen waren«, um ihr für den Einsatz ihrer Liebe während des letzten Jahres zu danken. Ob diese Menschen sich an Weihnachten ihrer erinnert hätten, wenn Lou die Stunden, die sie am Telefon mit ihnen verbrachte, mit ihrer eigenen Behinderung, ihren eigenen Nöten ausgefüllt hätte?

Jedem von uns stehen täglich genau 1440 Minuten zur Verfügung. Wir haben wöchentlich 10080 Minuten und in einem Jahr ungefähr 524160 Minuten. Was wir damit tun ist unsere Verantwortung. Sie stellen einen Reichtum dar, den wir nur einmal ausgeben können, und wir wissen nicht, welches unsere letzte Minute sein wird. Gott hat uns Minuten, Stunden, Tage und vielleicht Jahre gegeben, die wir in unser zukünftiges Glück und seinen gegenwärtigen Ruhm investieren können. Die Zeit ist kostbar, aber sie ist auf diese Welt beschränkt. Unsere Fähigkeiten wachsen, wenn wir sie nutzen, und das Ergebnis unseres Tuns reicht bis in die Ewigkeit.

Schauen Sie sich mit anderen Augen an!

Gott liebt Sie, Sie ganz persönlich; nicht wegen Ihrer Werke, obwohl die sehr gut sein mögen. Er liebt Sie nicht, weil Sie bestimmte Dinge tun können. Er liebt Sie nicht wegen Ihrer Besitztümer, der Kontakte, die Sie pflegen, oder wegen Ihres guten Einflusses. Er liebt Sie nicht wegen Ihrer makellosen Gesichtszüge oder Ihrer hinreißenden Persönlichkeit.

Er liebt Sie, weil er Sie erschaffen hat!

Ehe Sie geboren wurden, hat Gott in seiner Allmacht, Liebe und Weisheit Ihnen schon die Fähigkeiten und Gaben zugedacht, die Sie auszeichnen und die Sie in seinen Dienst stellen sollen. Wie wichtig ist es doch, seinen Plan zu erforschen und seine Anliegen zu unseren eigenen zu machen.

Gott hat den menschlichen Körper nur für die Zeit auf dieser Erde geschaffen. Er untersteht den Naturgesetzen, durch die Gott das Universum erhält. Er ist wunderbar geschaffen für dieses Leben auf der Erde, für das Zusammenleben mit anderen Menschen. Aber das ist nicht seine einzige Bestimmung. Unsere Körper sollen Gefäße sein, in die der Geist Gottes einziehen kann, damit Gott durch unser Leben sichtbar wird.

»Wisset ihr nicht, daß ihr Gottes Tempel seid und der Geist Gottes in euch wohnt? . . . Wisset ihr nicht, daß euer Leib ein Tempel des Heiligen Geistes ist, welchen ihr habt von Gott, und seid nicht euer eigen? Denn ihr seid teuer erkauft; darum so preiset Gott an eurem Leibe . . . Wir sind der Tempel des lebendigen Gottes; wie denn Gott spricht: ›Ich will unter ihnen wohnen und wandeln und will ihr Gott sein, und sie sollen mein Volk sein‹« (1. Kor. 3, 16; 6, 19; 2. Kor. 6, 16).

Ungeachtet aller Unvollkommenheiten, die wir haben mögen, will Gott in uns wohnen. Aus Offenbarung 3, Vers 20 lernen wir allerdings, daß er nur auf Einladung zu uns kommt, denn er sagt dort: ». . . So jemand meine Stimme hören wird und die Tür auftun, zu dem werde ich eingehen . . .« Genauso wie wir einem Freund die Tür aufmachen, der bei uns anklopft, so können wir die Tür unseres Lebens auftun und Christus bitten, hereinzukommen und den Körper zu gebrauchen, den wir von ihm haben. Er wohnt in uns durch den Heiligen Geist, wenn wir ihn dazu einladen. Von diesem Augenblick an ist unser Körper das Haus, in dem er wohnt, und wir werden nie alleine sein. Er ist immer bei uns. Er geht in unseren Schuhen. Er lebt in unserem Leben. Er liebt durch uns. Er gebraucht jeden von uns in einzigartiger Weise.

Trotz dieser Einmaligkeit möchten wir manchmal unseren Platz mit anderen tauschen. Wenigstens ich habe das schon manchmal gewünscht.

Vor einigen Jahren entdeckte ich, daß Gott mich wirklich liebt, obwohl ich mir den Grund seiner Liebe nicht vorstellen konnte. Ich hatte nichts anzubieten als Angst und Schuld, die ich nur zu gerne loswerden wollte. Während dieser Zeit sehnte ich mich nach jemand, der mich das Beten lehren würde. Dann lernte ich eine Frau kennen, die meine geistliche Freundin wurde. Sie war voller Charme, talentiert, und jedermann hatte gerne mit ihr zu tun. Woche für Woche beobachtete ich die Harmonie, in der sie mit ihrem Mann, einem Pastor, lebte. Ich dachte, in ihrem Leben gäbe es nur Vollkommenheit und eitel Glück.

»Oh, wenn ich nur alle die wunderbaren Eigenschaften Gottes lernen könnte, die diese Familie wohl kennt. Wenn ich nur so wie diese liebenswerte Dame sein könnte oder noch besser – wenn ich nur einen Tag an ihrer Stelle sein könnte . . .!«

Dann kam die schreckliche Nachricht, daß meine Freundin mit Kinderlähmung ins Krankenhaus eingeliefert worden war und daß man sie bei der Ankunft für tot erklärt hatte. Durch Gebete und Operation wurde sie ihrer Familie wiedergegeben. Wie froh war ich dann, daß Gott, der es zugelassen, daß sie durch solche schweren Erfahrungen gehen mußte, mich vor der Krankheit bewahrt hatte, der wir beide ausgesetzt gewesen waren. Mein Herr wußte, daß weder ich noch meine Familie zu jener Zeit einer solchen Prüfung gewachsen waren.

Gott hat für jeden Menschen einen anderen Plan. Es gibt absolut keinen Menschen auf dieser Welt, der ausführen könnte, was Gott Ihnen zugedacht hat.

Die Ökologen sind gerade dabei, die Schäden zu erkennen, die durch das Aussterben mancher Spezies entstehen. Wenn man zum Beispiel alle Vögel ausrotten würde, so würden alle Ernteerträge von Insekten und Nagetieren aufgefressen, und Seuchen würden sich ausbreiten. Kein anderes Lebewesen kann die Aufgabe übernehmen, die der Schöpfer den Vögeln zugedacht hat.

Andererseits kann kein Vogel den Zweck eines Planeten erfüllen. Er könnte im Weltall ohne die Atmosphäre nicht einmal existieren. Und kein Planet könnte ein Blumenbeet von Insekten befreien.

Wie kommt es, daß wir die Weisheit des Wirkens Gottes in der Natur anerkennen und doch kein Vertrauen in seine Liebe und Weisheit haben, wenn es um unser eigenes Leben geht?

Er hat die Macht, unser Leben wundervoll zu planen und diesen Plan auch auszuführen. Wir können mit großer Hoffnung auf diesen Plan vertrauen. ». . . Die Hoffnung, die man sieht, ist keine Hoffnung; denn wie kann man auf das hoffen, das man sieht? Wenn wir aber auf das hoffen, das wir nicht sehen, so warten wir darauf in Geduld« (Röm. 8, 24–25).

Ich kann nicht sehen, was in meinem Leben noch geschehen wird, aber jede Erfahrung kann zum erregenden Abenteuer werden – selbst das alltägliche Einkaufen.

Bei dieser ganz gewöhnlichen Tätigkeit sah ich in einem Sonderangebot einmal ein Paar sehr schöne Schuhe. Erfreut wollte ich sie anprobieren, aber sie waren nur in Größe Fünf zu haben. Mein Fuß mit Größe Sieben würde nie hineinpassen; ich hätte keinen glücklichen Augenblick gehabt, wenn ich meine Füße trotzdem hineingezwängt hätte. Enttäuscht ging ich weiter. Dann fand ich die schönsten Schuhe, die ich je gesehen hatte, und sie paßten mir. Sie waren genau für meine Füße gemacht; ich habe sie drei Jahre lang getragen.

Wie oft versuchen wir, ein Größe-Sieben-Leben in eine scheinbar attraktive Fünf hineinzuzwängen? Wunderbare Erfahrungen erwarten uns, wenn wir willig und erwartungsvoll einen Tag nach dem anderen nehmen, wie Gott ihn uns gibt. Heute die kleinen Dinge treu tun, öffnet die Türen für morgen zu einem erregenden, weiteren Ausblick. Ich lerne allmählich, nicht zu erwarten, daß Gott mir den ganzen Sinn und das letzte Ziel meines Lebens offenbaren wird, solange ich noch Kindergartenerfahrungen mache. Er läßt uns keine Klasse überspringen. Er ist mit meinem Leben noch nicht fertig, und er ist es auch mit Ihrem Leben nicht.

Wenn Sie jedoch den Entwicklungsprozeß zu einer liebenswerteren Persönlichkeit beschleunigen wollen, so kann ich Ihnen hier drei Schritte zur Hilfe anbieten.

1. Machen Sie eine Inventur von Ihren guten Eigenschaften!

Stellen Sie sich vor den Spiegel, und schauen Sie sich genau an. Was sehen Sie? Wenn Sie Ihr Äußeres verändern könnten, was würden Sie dann tun? Einige Zentimeter zugeben oder wegnehmen? Blaue Augen gegen braune vertauschen, blondes Haar gegen schwarzes? Die Nase gerade richten und das Kinn schlanker machen? Ich glaube nicht, daß es einen einzigen Menschen gibt, die Schönheitsköniginnen eingeschlossen, der nicht gerne irgend etwas an sich verändern würde.

Einiges können wir leicht verändern, durch gute Pflege, angemessene Ruhe, körperliches Training und richtiges Essen. Körperbau, Farbe und viele anderen körperlichen Merkmale können nur durch radikale oder kosmetische Operationen verändert werden, und manche Dinge können wir gar nicht ändern. Vergessen Sie einmal die Merkmale, die Ihnen nicht gefallen, und konzentrieren Sie sich auf die anderen. Augen, Brauen, Haare, Zähne, Grübchen, Haut, Finger – sind da nicht einige sehr schöne Merkmale? Eine andere Frisur, etwas Make-up können die schönen Linien unterstreichen und die anderen mildern oder verdecken.

Mir gefiel zum Beispiel lange Zeit meine Stirn nicht, bis ich eine vorteilhafte Frisur fand. Als Teenager fand ich meinen Mund viel zu groß. Aber ich habe gelernt, daß ein warmes, glückliches Lächeln viel vorteilhafter ist als enttäuscht herabgezogene Mundwinkel!

Ich bin sicher, daß Gott uns mit viel Humor zusammengesetzt hat, aber er ist auch voller Weisheit und herzlichem Erbarmen. Er hat nichts ohne Grund geschaffen. Dieser letzte Gedanke bringt uns zu dem nächsten Schritt.

2. Betrachten Sie sich von Gottes Blickpunkt aus!

Eines Tages erkannte ich, daß Gott gar nicht in einer fernen Himmelsgegend thront, von wo aus er sich nicht um uns kümmert. Ich erkannte, daß er lebendig, wirklich und gegenwärtig ist, und ich sagte ihm alles, was ich über mich selbst dachte.

»Vater, es gibt manches an mir, was ich nicht liebe, zum Beispiel meinen Mund und meine Stirn, die du gemacht hast. Aber ich weiß, daß du voller Weisheit und Liebe bist. Du hast mich sicher nicht ohne Grund so geschaffen. Vergib mir, daß ich dein Werk kritisiert und verachtet habe. Wenn du mich wertschätzt, so wie ich bin, dann will ich es auch tun. Ich will dir meinen Mund und meinen Kopf zur Verfügung stellen, damit du damit ausführen kannst, was du dir vorgenommen hast. Vergib mir, daß ich manchmal vergesse, daß mein Körper dir gehört und nicht mir selbst. Ich danke dir, daß du einen neuen, fehlerlosen Körper für mich bereithältst, den du mir geben willst, wenn du diesen jetzigen Körper hier auf Erden nicht mehr brauchst und ich dann bei dir sein darf in alle Ewigkeit.

Herr, da ist noch etwas. Ich danke dir, daß du in meinem fehlerhaften, gebrechlichen Körper wohnst. Bitte, tue damit, was du willst, denn das wird immer das Beste sein.«

Vergessen Sie auch nicht, Gott zu sagen, wie es Ihnen gerade zumute ist.

3. Erwarten Sie Gutes in Ihrem Leben!

Nach meiner Unterhaltung mit Gott nahm ich meine Bibel und schrieb das Datum und die Begebenheit hinein: Meinen Mund und meinen Kopf Gott geweiht, damit er beides mit seiner Wahrheit erfüllen kann. 19. Juli 1960.

Manchmal bin ich versucht, in meine alte Einstellung zurückzufallen. Vor allem dann, wenn ich traurig, krank oder entmutigt bin. Dann erinnert mich der Eintrag in meiner Bibel an meine Abmachung mit Gott und daran, daß das, was ich jetzt bin, nicht das Endprodukt ist.

Nicht nur ich selbst werde verändert, die Geschehnisse in meinem Leben werden sich auch ändern. In mir ist eine neue Erwartung, eine wachsende, lebende Hoffnung, ein Schimmer von Gottes herrlichem Plan für mein Leben. Meine Notiz erinnert mich daran, auch in den negativen Situationen nach dem Positiven zu suchen.

Auch auf Ihrem Weg liegt Gutes! Das ist Gottes Plan für Ihr Leben! Auch wenn gegenwärtig alles mit schwarzem Samt verhüllt scheint. Das geschieht nur, weil Sie sein kostbarer Edelstein sind – sein Meisterstück.

»Meine Geliebten, jetzt sind wir schon Gottes Kinder, aber es ist noch nicht offenbar geworden, was wir sein werden. Wir wissen aber, wenn es offenbart sein wird, dann werden wir ihm gleich sein, denn wir werden ihn sehen, wie er ist. Und ein jeder, der diese Hoffnung zu ihm hat, reinigt sich, wie auch er rein ist« (1. Joh. 3, 2–3).

Es gibt keine Schatten
ohne die Sonne.
Die Schatten der Furcht markieren oft den Weg,
der uns die Freiheit eines Lebens in der Sonne
entdecken läßt.

2. Der Schritt in die Freiheit

Haben Sie manchmal das Gefühl, Gott habe den Himmel verschlossen? Hat es manchmal den Anschein, als ob Gott im Urlaub sei – zumindest soweit es Sie betrifft?

Ich habe mich zeitweilig gefragt: Was *tut* Gott eigentlich? Wo ist er? Allerdings galt in solchen Zeiten mein Suchen nicht wirklich Gott, sondern einem Ausweg aus meiner Situation und aus meinem Denken, meiner Haltung, die Gott den Weg zu einem Teil meines Lebens versperrte.

Als ich einmal an der Küste Kaliforniens spazierenging, kam mir das ständige Getöse der Brandung wie der Widerhall meiner eigenen Angst und Unruhe vor. Und wie vom Seewind angeweht, sprach Gott zu mir durch meine Gedanken.

»June, du solltest dich nicht irritieren lassen durch verborgene Zweifel. Ich bin da! Ich werde dich nie verlassen oder vergessen. Ich liebe dich, und darum habe ich die Geschehnisse sorgfältig für dich ausgewählt, damit du die ganze Schönheit hervorbringen kannst, die in deinem Leben Ausdruck finden kann. Ich plane und kontrolliere die Ereignisse, die Orte, die Menschen, mit denen du in Kontakt kommst, damit ich dich von den Dingen befreien kann, die dir Angst einflößen. Schaue nicht auf die Situation, sieh mich an und denke daran, daß ich dich liebe und daß du diese Erfahrungen brauchst. Du wirst frei werden von allen zerstörenden Gefühlen, Sorge, Angst, dem Gefühl der Schuld und der Unfähigkeit, denn ich bin allmächtig, und ich lebe in dir.

Du sollst aus jeder Erfahrung lernen. Verlaß dich nicht auf Menschen, Orte oder Dinge. Gründe nicht deine Sicherheit darauf, denn das würde nur die Entwicklung deines Charakters hindern. Ich müßte dir dann zusätzliche Lektionen erteilen, damit du frei wirst, denn die Menschen und Dinge, an die du dich anlehnen möchtest, sind begrenzt. Sie unterliegen ständigen Veränderungen, genau wie du selbst.

Ich bin deine einzige Sicherheit! Ich verändere mich nicht! Die Verletzungen und Enttäuschungen der Vergangenheit, der Untergang deiner Illusionen können das Fundament für ein glückliches Leben in der Zukunft werden. Laß dich nicht hetzen; mir gehört die Zeit und die Ewigkeit! Ruhe getrost und zufrieden in meinen Armen, denn ich liebe dich. Ich bin gekommen, um dich zu befreien, und du wirst in der Tat frei sein.«

Meine Gedanken wurden unterbrochen durch das Nebelhorn, das eine Änderung des Wetters im Kanal ankündigte. Wie schnell hatte sich eine graue Nebelwand herangeschoben und die Sonne ausgelöscht! Himmel, Land und Meer waren in undurchdringliches Grau gehüllt. Bäume, Blumen und die Nachbarn waren verschwunden. Große Niedergeschlagenheit und Einsamkeit überfielen mich.

Dann bemerkte ich, daß der Wind, der den Nebel von der See her gebracht hatte, ihn weiter hinauf in das Tal trieb. Bald war der Nebel vorbeigezogen, und die Sonne schien wieder. Die Vögel sangen, und Himmel und Wasser schienen in einem tieferen Blau zu leuchten als vorher. Der Duft der Blumen war süßer als je zuvor.

Die Sonne, das Meer, der Himmel und die Erde waren unverändert geblieben. Nur meine Sicht für die Dinge hatte sich verändert. Die Wolken ließen mich die Schönheit viel mehr schätzen als vorher. Was ich als selbstverständlich hingenommen hatte, betrachtete ich nun mit dankbarer Freude. Die kalten, grauen Wolken von Krankheit, finanziellen Verlusten, Konflikten, Nichtverstehen des Lebenspartners, der Kinder und Freunde sind die goldgeränderten Wolken, durch die Gott uns das Wirken seines Sohnes zeigen will. Es gibt keinen Schatten ohne die Sonne.

Die Bewohner mancher Gegenden Kaliforniens prahlen damit, daß bei ihnen die Sonne immer scheint und man selten eine Regenwolke zu Gesicht bekommt. Aber dieses Land ist eine Wüste! Wenn immer nur die Sonne scheint, muß alles veröden. Gott will nicht, daß unser Leben zur Wüste wird.

»Du wirst sein wie ein bewässerter Garten und wie eine Wasserquelle, der es nie an Wasser fehlt . . . Dann wird dein Licht hervorbrechen wie die Morgenröte, und deine Heilung wird schnell voranschreiten . . . Es sollen Zypressen statt Dornen wachsen und Myrten statt Nesseln . . . Denn ihr sollt in Freuden ausziehen und im Frieden geleitet werden« (Jes. 58, 11. 8; 55, 13. 12). Diese Worte wurden vor vielen Jahrhunderten dem Volk Gottes, der Nation der Hebräer gesagt, aber sie haben noch heute für alle diejenigen ihre

Gültigkeit, die zu Gottes Volk gehören. Sie reden von dem, was Gott in dem Leben der Menschen tut, die ihn lieben.

Fred Beard, ein Christ aus Eugene, Oregon, sagte einmal: »Gott hält sein Kind nahe an seinem Herzen in der Höhlung seiner Hand und bedeckt es mit seiner anderen Hand. Nichts kann an dieses Kind heran, was nicht von ihm geplant ist. Er öffnet seine Finger weit genug, um die Ereignisse heranzulassen, die zur Entwicklung seines Kindes nötig sind.«

Frei von einengenden Ängsten

Flüstert Ihr Herz Ihnen zu: »Warum hat Gott die Finger geöffnet, um gerade dieses Problem hindurchzulassen?« Marion fand eine Antwort auf diese Frage, als sie mit ihrem neunzehnjährigen Sohn, der in Drogengeschäfte verwickelt war, vor einem Gericht in Oregon stand.

»Ich starb tausendmal«, so berichtet sie. »Unsere Herzen waren zerbrochen. Wir waren in größter Sorge um Toms Zukunft. Hinzu kam die Pein, daß wir als Familie Ziel des Klatsches geworden waren. Aber diese Umstände haben uns in die Arme Gottes, als unsere einzige Zufluchtsstätte, zurückgetrieben. Wir haben ihm unseren Ruf als Eltern gegeben. Wir haben gelernt, daß wir nicht gefeit sind gegen die Probleme, mit denen andere zu kämpfen haben. Wir sind nicht mehr die Erhabenen und Unberührten, die eine Fassade des Erfolgs aufrechterhalten. Die erhabene Weisheit, die früher in den Diskussionen über die Schwierigkeit anderer zu spüren war, ist dem tiefen Verlangen gewichen, Eltern und Jugendliche zu verstehen.

Tom hat die Echtheit der Liebe kennengelernt, die nicht verdammt. Seine eigenen Erfahrungen haben sein Leben besser und wertvoller gemacht, und er hilft anderen jungen Leuten in ihren verzweifelten Nöten. Wir sind offen geworden füreinander und frei von der Meinung der Leute über uns. Als wir der Möglichkeit ins Auge sahen, daß uns die Leute ablehnen könnten, wurden wir frei von der Angst davor.«

Freiheit ist das Ergebnis der Gegenüberstellung. Freiheit wird erst Wirklichkeit, nachdem wir erkannt haben, wie Angst, Sorge und Enttäuschung unser Leben einengen. Erst im Dunkel der Nacht schätzen wir das Licht einer Lampe. Wenn die Sonne scheint, brauchen wir keine.

Erst wenn wir uns schwierigen Situationen gegenübersehen, werden verborgene Kräfte in unserem Leben freigesetzt. Das Gesetz des Wachstums heißt Aktivität. Auch die Muskeln des Glaubens können nur durch Übung entwickelt und gestärkt werden – bei dem Lösen der Probleme, dem Erklimmen neuer Ebenen.

Diese Erfahrung machte ich im buchstäblichen Sinn. Ich hatte entsetzliche Angst vor großen Höhen und dachte, ich würde nie fliegen können. Aber eines Tages ergab sich eine Notlage, und ich wußte, ich mußte das nächste Flugzeug nach San Franzisko nehmen. Ich mußte einfach fliegen, um jemand zu helfen, der mir wichtiger war als meine Angst. Als das Flugzeug in die Luft stieg und ich auf die kleiner werdenden Häuser, Seen und Berge hinunterschaute, machte mein Herz einen Freudensprung. Was ich schaute, war so schön und großartig. Das Steigen des Flugzeugs wurde mir zum Gleichnis für das Höhersteigen im Glauben. Das Gefängnis der Angst war gesprengt. Warum hatte ich bisher die fantastische Schönheit gemieden, die man nur aus solcher Höhe genießen kann? Mein Herz schlug schneller, und ich mußte an die Herrlichkeit der Gegenwart Gottes denken. Wenn er solche Schönheit geschaffen hatte, wie ich sie jetzt sah, wie erst muß die ewige Herrlichkeit in seiner Gegenwart sein? Ich war befreit von meiner Angst!

Wie freundlich war Gott, daß er mir diese Gelegenheit als einen Schritt zur Freiheit gab. Seit dieser Zeit habe ich mit Freuden unzählige Flüge unternommen, einige in kleinen Maschinen für nur zwei Fahrgäste, die mich in abgelegene Gegenden Saskatchewans und die Inselwelt des Pazifischen Ozeans brachten, zu Frauen, die Christus bis dahin nicht kannten. Jesus sagte: »Ich bin gekommen, daß sie das Leben, Leben im Überfluß haben sollen« (Joh. 10, 10). »Leben im Überfluß«, das bedeutet einfach, immer mehr frei zu werden von Angst, Verklemmungen und Sorgen. Schuld, Mißerfolg, Groll und Bitterkeit können überwunden werden. Das geschieht durch ehrliches Erkennen der Tatsachen und die Hingabe der Dinge und Personen in die Hand Christi. Die Erfahrung, vor der wir uns am meisten fürchten, mag gerade die sein, die uns zu einem überfließenden Leben, frei von aller Angst, führen will.

Frei von falscher Sicherheit

In jedes Menschen Leben sind die Umstände verschieden, die dieselben grundsätzlichen Bedürfnisse kennzeichnen. Eine scheinbare finanzielle Tragödie brachte Jeri größere Sicherheit und ein glücklicheres Leben. Es war für sie recht schwierig, ihren beiden Töchtern Mutter und Vater zu sein. Und lange Arbeitsstunden, gefolgt von körperlicher Erschöpfung, vergrößerten die Spannung. Die Versorgung der Kinder während des Tages war immer teurer und weniger zufriedenstellend geworden.

Dann verlor sie plötzlich, ohne vorherige Ankündigung, ihre Arbeitsstelle. Der völlige Verlust ihres Einkommens und die ergebnislose Suche einer ganzen Woche nach einer neuen Arbeitsstelle trieben Jeri fast zur Panik. Hilflos schluchzend saß sie vor mir. Wir redeten miteinander über ihre Nöte. Ich fragte sie, ob sie bereit sei, Gott zu vertrauen und ihn um das zu bitten, was sie selbst nicht tun konnte. »Vergiß nicht, daß er dich und die Kinder, die er dir gegeben hat, liebt«, erinnerte ich sie.

Nachdem wir im Gebet alle Schwierigkeiten in die Hände unseres Herrn gelegt hatten, fing Jeri an, erwartungsvoll nach der Antwort Gottes auszuschauen.

Wenige Tage danach kam die Anfrage, ob sie bereit sei, die Verwaltung eines Appartementhauses zu übernehmen. Geboten wurden eine schöne, bequeme Wohnung, ein entsprechendes Einkommen, und sie konnte zu Hause bei ihren Kindern bleiben. Was anfangs so verzweifelt ausgesehen hatte, befreite sie von der falschen Sicherheit einer unpassenden Arbeit und führte sie zur Entdeckung einer Freiheit, die nur ein von den Umständen unabhängiger Mensch unter der liebenden Führung Gottes erlangen kann. Gott will uns das Beste geben. Um uns dafür bereitzumachen, muß er uns meistens zuerst von etwas lösen, auf das wir uns stützen. Gott ist nicht so begrenzt, daß er auf etwas Bestimmtes angewiesen wäre. Seine Möglichkeiten sind unbegrenzt, kreativ und vielfältig. Wir fürchten den materiellen Verlust, der unsere Sicherheit bedroht. Nur wenn wir davon getrennt werden, können wir die völlige Sicherheit und das Abenteuer, von Gott abhängig zu sein, entdecken. Wir lernen diese Lektion jeder für sich selbst. Aber es gibt ein wunderbares Beispiel dafür, wie Gott in alttestamentlicher Zeit mit einem ganzen Volk handelte.

Vor langer Zeit war Gottes Volk Sklave einer fremden politischen Macht. In diese Situation kam ein Mann namens Mose, der Gott beim Wort nahm. Mose glaubte der Verheißung Gottes, daß er das Volk in ein Land der Freiheit und des Überflusses führen könnte, wenn dieses Volk nur sein Vertrauen auf Gott setzen würde. Schließlich folgten die Leute den Anweisungen Gottes, und ein ganzes Volk begab sich in der Nacht auf Wanderung. Als sie an das

Rote Meer kamen, hörten sie die donnernden Hufe der feindlichen Reiterei hinter sich, die im Begriff war, sie zu überrennen. Sie schauten zurück und sahen sich dem Untergang geweiht.

Aber Gott hatte sie diesen Weg geführt, damit sie lernen sollten, daß der Mensch nur in Gott Sicherheit findet, eine Sicherheit, die von keiner Armee der Welt erschüttert werden kann. Wie konnten sie je den Tag vergessen, an dem der lebendige, mächtige Gott die Wasser geteilt und einen Weg durchs Meer gebahnt hatte! Und eben dieser Rettungsweg war ihrem Feind zum Grab geworden.

Das Rote Meer mußte da sein, um die Macht und die Liebe Gottes erkennen zu lassen und um die Ohnmacht selbst des klügsten und mächtigsten Feindes zu zeigen. Erst in der Durchquerung des Roten Meers fand das Volk Gottes seine Freiheit.

Freiheit von den Umständen

Unsere Konflikte und die zufälligen Begebenheiten sind die von Gott nach Maß gefertigten Gelegenheiten, durch die er uns näher zu sich zieht. Bedenken wir zum Beispiel die Geschichte der Frau im Neuen Testament, deren Leben, mit aller Schuld, Vorurteilen und konfusen religiösen Ideen, in einigen Minuten völlig verändert wurde durch die Gegenüberstellung mit Gott.

Als diese samaritische Frau ihre ganz gewöhnliche, alltägliche Arbeit verrichtet – beim Wasserholen am Dorfbrunnen –, traf sie diesen Jesus Christus, den Messias, in Gestalt eines müden Wanderers (Joh. 4). Als er sie um einen Schluck Wasser bat, galt ihr ganzes Denken nur der Tatsache, daß ein jüdischer Mann sie, eine verachtete Samariterin, um Wasser bat und dem Umstand, daß er kein Trinkgefäß hatte.

Ihre Aufmerksamkeit war auf die Umstände und die Hindernisse gerichtet, während Jesus ihr seine unbegrenzten Möglichkeiten und ihre eigenen Nöte und Bedürfnisse zeigen wollte, über die sie noch gar nicht bereit war zu sprechen. Für Gott gibt es keine Hindernisse und Begrenzungen seiner Ziele mit uns. Es spielt bei ihm keine Rolle, wer wir sind, was wir sind oder wo wir sind. Wir müssen nur erkennen, *wer* er ist, *was* er ist und *wo* er ist. Gott, der das Wasser in dem Brunnen machte, kommt nicht in Verlegenheit wegen eines fehlenden Eimers.

Welche aufregenden Dinge geschehen doch, wenn wir unsere ichbezogene Sicht ändern und auf Christus schauen.

Die samaritische Frau hätte sich nicht einmal träumen lassen, daß sie Gott beim täglichen Wasserholen an diesem heißen, von Staub umgebenen Brunnen begegnen könnte. Gab es nicht strenge Regeln und ein bestimmtes Ritual, die beachtet werden mußten, wenn man zu Gott kommen wollte? Aber Jesus handelt ganz anders. Er trifft die Menschen dort, wo sie sind, in ihrer tiefsten Not. Er offenbart sich als Gott, der über den Umständen steht, vor allem dann, wenn wir bereit sind, uns selbst aufzugeben. Wir müssen den »Wassereimer« der Selbständigkeit hinstellen, damit wir die Hände frei haben, um zu nehmen, was er uns bietet.

Als die Frau einfach glaubte, begegnete sie Jesus, dem Erretter. Schnell rannte sie daraufhin ins Dorf, um zu erzählen, daß sie den einen gefunden hatte, der sie befreite von den Umständen, dem Ort und den Menschen. Ihr Herz war frei geworden von Schuld und Schande. Zu Jesu Füßen hatte sie alles abgelegt.

Welche Veränderung müssen die Leute im Gesicht und in der Haltung der Frau gesehen haben, die in so kurzer Zeit die Wirklichkeit der Liebe, der Vergebung und der reinigenden Kraft Gottes erkannt hatte.

Gott führt die Umstände in unserem Leben herbei, die uns mit Furcht, Schuld und Einsamkeit konfrontieren. Er tut es, weil er uns frei sehen möchte. »Ihr werdet die Wahrheit erkennen, und die Wahrheit wird euch frei machen« (Joh. 8, 32).

Für viele Menschen bedeutet ein Umzug in eine entfernte und fremde Gegend die schlimmste dieser freimachenden Erfahrungen, vor allem, wenn ihnen die Veränderung keinerlei Sicherheit zu bieten scheint.

»Möchtest du lieber in Seattle, Miami oder New York leben?« fragte die Stimme mir gegenüber. Diese Stimme hatte mir in 22jähriger Ehe manche Überraschungen verkündet. Hal, mein Mann, besitzt einen scharfen Verstand, ein großzügiges Herz und einen ruhelosen Geist. Dieser Geist führte uns durch 28 Staaten während der ersten zwei Jahre unserer Ehe. Die restlichen Staaten, einschließlich Kanada und Mexiko, folgten im dritten Jahr. Das Leben hatte nie Sicherheit geboten, aber es war auf keinen Fall langweilig gewesen.

Trotzdem war ich auf diese Frage nicht vorbereitet. Warum, um alles in der Welt, will jemand quer durch die Vereinigten Staaten ziehen, ohne eine bestimmte Tätigkeit im Auge zu haben, ohne einen einzigen Freund oder Bekannten, an den er sich wenden könnte?

So viele Ungewißheiten kamen auf uns zu. Wo würden wir wohnen? In einem Haus oder einem Appartement? Wie teuer würde das Leben dort sein? In welche Schule würden die Kinder gehen können? Falls das Klima anders ist, müßten wir entsprechende Kleidung haben. Welche Art christliche Gemeinde würden wir finden? Werden die Leute uns akzeptieren?

Meine Augen füllten sich mit Tränen bei dem Gedanken, die gegenwärtigen, sicheren Umstände zu verlassen, glückliche Erfahrungen, liebe Freunde, alle diejenigen, die uns in Krankheitszeiten treu beigestanden hatten. Wie können wir alle die lieben Menschen, reichen Freundschaften gegen das Unbekannte, Ungewisse eintauschen? Der Gedanke, alles zu verlassen, was uns Heimat bedeutet hatte, schien unerträglich. Es gab scheinbar nichts, an das ich mich klammern konnte. Hal schien ganz sicher zu sein, daß es Gottes Weg für uns war zu gehen. Nach vielen Diskussionen wählten wir Seattle als unsere neue Heimat.

Freiheit von der Furcht, zu versagen

Das erste Jahr in der neuen Umgebung war hart. Nichts schien richtig zu laufen. Selbst die angelieferten Möbel waren die verkehrten: zum Beispiel ein Doppelbett mit einer einfachen Matratze, Eßtisch und Stühle in einer Farbe, die wir nicht bestellt hatten. Manchmal lachte ich unter Tränen, wenn mir die Irrtümer wie eine Komödie vorkamen. Manchmal mußte ich Gott ganz schnell um Hilfe bitten, wenn der Gedanke die Oberhand gewinnen wollte: Ich habe es dir ja vorher schon gesagt.

Gott macht keine Fehler. Trotzdem schien alles in unserem Leben falsch zu laufen. Wir mußten zusehen, wie unser Geschäft zugrunde ging und wir unser schönes, neues Haus verloren. Als nächstes ging der neue Wagen fort, und selbst die Möbel mußten wir verkaufen, um die täglichen Lebenshaltungskosten bestreiten zu können.

Aber als der Druck immer größer wurde, gewann die Wirklichkeit Gottes an Bedeutung. Es war, als ob seine Gegenwart alle Ecken des Hauses durchflutete, je mehr Dinge aus dem Haus verschwanden.

Dann kam die fast hoffnungslose Arbeitssuche. Als mein Mann aus diesem Grund unterwegs war, holte uns eine Bekannte mit ihrem Auto zum Gottesdienst ab. Aus einem unersichtlichen Grund bog sie in einen falschen Weg ein, und nach einer kurzen Strecke befanden wir uns hoch oben über dem Puget Sund.

Die Aussicht war atemberaubend, und ich seufzte: »Ach, wenn Gott uns doch hier einen Platz geben würde.«

Meine Freundin lachte und meinte: »Wenn du träumst, dann wenigstens erste Klasse!«

Eine Woche später führte Gott meinen Mann in eine neue Arbeitsstelle und gab uns ein Haus in eben diesem Viertel.

Es dauerte noch elf Monate, bis das Grundstücksamt uns den Besitz überschrieb. In dieser Zeit konnten wir den Betrag sparen, der zur Anzahlung des Kaufpreises nötig war. Wer hätte je davon geträumt, daß Gott uns ein Heim in dieser schönen Gegend mit dem herrlichen Blick auf Maunt Rainier und den Sund geben würde! Wie freundlich war er, uns von dem vorigen Haus zu befreien, wo wir keine Aussicht genießen konnten und einen 30jährigen Vertrag unterschrieben hatten.

In diesem einen Jahr hatten wir alles verloren. Aber der scheinbare Verlust war in Wirklichkeit ein Prozeß, der uns für größeren Erfolg frei machte. In einem Weingarten müssen die alten Triebe, die die Ernte des Jahres getragen haben, abgeschnitten werden, damit neues Wachstum beginnen kann. Den gleichen Prozeß führt Gott mit uns durch. Er hat die Umstände unter Kontrolle, auch wenn sie noch so schmerzvoll und bitter sind, und er benutzt sie, um sein Werk in uns zu vollenden.

Die Monate, die auf diese Erfahrungen folgten, waren erregend und spannend, und der letzte Abend des Jahres bleibt unvergeßlich. Wir waren zum Essen ausgefahren. Neben uns parkte ein neuer Cadillac. Etwas sehnsüchtig schaute mein Mann diesen Wagen an und sagte: »Liebling, einen solchen habe ich mir immer gewünscht, vielleicht als Zeichen des Erfolgs. Jetzt können wir uns einen leisten.« Nach einer nachdenklichen Pause fuhr er fort: »Aber weißt du, eigentlich kann ich es nicht rechtfertigen, so viel Geld für einen fahrbaren Untersatz für unsere Familie auszugeben. Ich denke, ich werde keinen kaufen, bis wir mindestens zwei Missionare von unserem Geld unterhalten können. Gott kann dieses Geld viel eher nutzen als wir einen Cadillac.«

Mein Herz jubelte in Dankbarkeit für das zunehmende Erkennen der tatsächlichen Werte.

Nach einigen Tagen kam der Präsident von Hals Handelsgesellschaft von der Ostküste und händigte ihm Schlüssel und Kraftfahrzeugbrief eines neuen Cadillacs aus, als Bonus für Hals außergewöhnlichen Erfolge während des ersten Jahres seiner Arbeit für die Firma.

Gott hat nicht immer solche sofortigen, greifbaren Geschenke für uns. Aber in dieser Lage war es uns ein weiterer Beweis für das Eintreffen seiner Verheißung aus Psalm 37, 4: »Habe deine Lust an dem Herrn, der wird dir geben, was dein Herz wünscht!«

Wir hatten wirklich viel erlebt in diesem Jahr: ein Haus in einer unschönen Gegend eingetauscht gegen eins mit einer atemberaubenden Aussicht, einen alten Chevrolet gegen einen neuen Cadillac, eine mittelmäßige Arbeit gegen befriedigende Erfolge. Verzicht! Es war eine gute Lehre gewesen. Je größer die Not und die Schwierigkeiten, um so größer des Vaters Segen und Hilfe, allerdings nicht immer auf materiellem Weg. Aber Gott ist niemandes Schuldner, er gibt immer viel mehr, als wir ihm geben.

Der Ort des Verzichts liegt nicht auf schöner Bergeshöhe, sondern im tiefen, dunklen Tal, in der Konfrontation mit dem, was wir am meisten fürchten. In dem Augenblick, in dem wir von allem, was bequem, angenehm und sicher ist, gelöst werden – selbst von unseren Lieben –, erkennen wir endlich, daß wir nur Gott haben. Die schönen Äußerlichkeiten des Lebens werden zerstört, und wir fangen an, ihn zu sehen, wie er ist, und finden Genüge an seiner Gnade und Liebe für uns. Dann kann er uns endlich geben, was er uns schon lange geben wollte: Glück, Zufriedenheit und den Frieden, der nicht von vergänglichen Dingen abhängt.

»Denn von ihm und durch ihn und zu ihm sind alle Dinge. Ihm sei Ehre in Ewigkeit! . . . Stellet euch nicht dieser Welt gleich, sondern verändert euch durch Erneuerung eures Sinnes, auf daß ihr prüfen möget, was Gottes Wille ist, nämlich das Gute und Wohlgefällige und Vollkommene« (Röm. 11, 36 und 12, 2).

Freiheit vom Materialismus

Sich »dieser Welt gleichzustellen«, ist eine ständige Gefahr und Versuchung. Die Angst, einmal nichts und niemand zu haben, worauf ich mich verlassen könnte, war immer groß in meinem Leben. Das Verlangen, sich mit Menschen, Dingen und Orten zu identifizieren, ist ein natürliches Bedürfnis, aber wir dürfen dabei nicht vergessen, daß uns in Wirklichkeit nichts gehört. Es ist uns alles nur geliehen, und wir sollen lernen, es vorteilhaft zu gebrauchen.

Jesus sagte: »Ihr sollt euch nicht Schätze sammeln auf Erden, wo sie die Motten und der Rost fressen und wo die Diebe nachgraben und stehlen. Sammelt euch aber Schätze im Himmel, wo sie weder Motten noch Rost fressen und wo die Diebe nicht nachgraben noch stehlen . . . Sorget nicht um euer Leben, was ihr essen und trinken werdet, auch nicht um euren Leib, was ihr anziehen werdet. Ist nicht das Leben mehr als die Speise und der Leib mehr als die Kleidung? Sehet die Vögel unter dem Himmel an: Sie säen nicht, sie ernten nicht, sie sammeln nicht in die Scheunen; und euer himmlischer Vater nährt sie doch. Seid ihr denn nicht viel mehr als sie? Wer ist unter euch, der seines Lebens Länge eine Spanne zusetzen kann, ob er gleich darum sorget? Und warum sorget ihr für die Kleidung? Schauet die Lilien auf dem Feld, wie sie wachsen: sie arbeiten nicht und spinnen nicht. Ich sage euch, daß auch Salomo in all seiner Herrlichkeit nicht bekleidet gewesen ist wie derselben eine . . . Euer himmlischer Vater weiß, daß ihr das alles braucht. Trachtet am ersten nach dem Reich Gottes und nach seiner Gerechtigkeit, so wird euch solches alles zufallen. Darum sorget nicht für den anderen Morgen, denn der morgende Tag wird für das Seine sorgen. Es ist genug, daß ein jeder Tag seine eigene Plage hat« (Matth. 6, 19–20. 25–29. 32–34).

Diese Worte sagte der eine, der Himmel und Erde und mich geschaffen hat. Es gäbe keinen Grashalm auf der Erde und keinen Vogel in der Luft, wenn er sie nicht gemacht hätte. Er ist allmächtig, er hat alle Dinge geschaffen, und kein Mensch ist sein Ratgeber oder Helfer gewesen.

Wenn ich die großartige Schönheit von Puget Sund mit seinen blauen Wassern betrachte, eingerahmt von dem Olympic Gebirge im Westen und den Cascade Bergen im Osten, dann kann ich nur jubelnd ausrufen: »O Gott, welch herrliche Welt hast du für uns gemacht, und wie schlecht haben wir sie verwaltet!« Nur die Narben stammen von den Menschen: die Elektrizitätsmasten mit ihrem Netzwerk von dunklen Drähten, die kahlen Hügel, die Abgasstreifen der Flugzeuge, die die ferne dunkle Dreckwolke einer Papiermühle kreuzen.

Wenn es auf dieser verseuchten, verdorbenen Erde noch so viel Schönheit gibt, was wird dann erst der Himmel bieten, von Gottes Hand bereitet und bewahrt. Der Gott, der ein so herrliches Bild gegen den Hintergrund des blauen Himmels malt, zeichnet eine noch erstaunlichere Szene mit unseren täglichen Erfahrungen. Wir stehen jetzt noch nicht hoch genug, um die Ereignisse von seiner Perspektive aus zu sehen. Wenn wir unsere Sorgen, Nöte und Ängste nicht loslassen und sie in die Hände Gottes legen, werden wir nie erfahren, daß es absolut nichts gibt, was für Gottes Wirken zu groß wäre. Erst aus dieser Erkenntnis wächst uns wahre Freiheit. Wenn wir Gott für die Ewigkeit vertrauen, warum trauen wir ihm dann nicht zu, daß er die Ereignisse dieser kurzen Zeit, die wir Leben nennen, lenken kann?

Freiheit von Eintönigkeit

Es sind nicht nur die großen, erschütternden Ereignisse, die Angst und Konflikt in unser Leben bringen. Manchmal ist es einfach das tägliche Einerlei, all die kleinen Dinge, die uns mürbe machen. Aber wenn wir erkennen, daß Gott in diesen Augenblicken gegenwärtig ist, dann verändern sich die Dinge.

Haben Sie schon jemals daran gedacht, Gott Ihre Hausarbeit zu geben? Das kann eine wirkliche Offenbarung werden.

Denken Sie zum Beispiel daran, wie hart Sie gearbeitet haben, um die Wohnung auf Hochglanz zu bringen. Dann kommen die Kinder nach Hause – mit schlammigen Schuhen, Hunden und Freunden. Schulbücher und Jacken fliegen in eine Ecke. Ein Tornado hat seine Spuren in Ihrem Haus hinterlassen.

Vielleicht besitzen Sie dann noch so viel Energie und Selbstkontrolle, um die Kinder ruhig zu ermahnen, ihre Sachen aufzuheben und sie dorthin zu packen, wohin sie gehören. Es kann aber auch sein, daß die Schlammspuren Sie um den letzten Rest Ihrer Fassung bringen. Dann gilt es, tief Luft zu holen und sich daran zu erinnern, daß Sie Ihr Haus ja Gott gegeben haben. Die Kraft, die Sie zum Saubermachen hatten, erhielten Sie von Gott. Er ist jeden Schritt mit Ihnen gegangen. Dieses kurze Nachdenken und Beten kann Sie vor harten, ärgerlichen Worten bewahren, die doch nur verletzen.

Dann ist da die Bügelwäsche. Diese Arbeit habe ich nie gemocht; sie kam mir immer als große Zeitverschwendung vor. Dieselben Kleider würden nächste Woche wieder da sein, wenn nicht schon früher! Aber eines Tages entdeckte ich, daß mein Bügelbrett der interessanteste Platz des Hauses sein kann. Ich bügelte gerade ein Hemd für Hal und dachte, wenn ich heute nicht so viel zu bügeln hätte, könnte ich diese Zeit jetzt Gott widmen. Ich könnte für dieses wichtige Treffen beten, das mein Mann heute hat. Ich könnte beten für die Ferien, für unsere Freunde im Krankenhaus . . .

Plötzlich erkannte ich, daß zum Bügeln ja nicht viel Phantasie und Gedanken nötig sind. Wenn mein Geist frei war zu rebellieren, dann konnte ich eigentlich ebensogut positiv denken, ich konnte an viele Menschen denken und für sie beten.

Seit dieser Zeit ist mein Bügelbrett zum Gebetskämmerlein geworden. Ich habe es mit geblümtem Stoff bezogen statt mit dem alten langweiligen Grau, und während der Arbeit bete ich. Für meine Enkelkinder, die die Jeans tragen werden, die ich bügle. Für den Sohn, dessen Hemd ich gerade vor mir habe: »O Vater, ich danke dir für Jeff. Hilf ihm heute, ehrlich und fair beim Sport zu sein. Hilf ihm, in der Schule so viel Gutes wie möglich aufzunehmen, damit er bereit ist für das Leben, das du für ihn geplant hast.« Als nächstes kommt eine Bluse für Joy. »Vater, sie zieht sie heute abend an, wenn sie ausgeht. Hilf ihr, daß sie dich in alles, was sie tut, mit hineinnimmt . . .«

Aber ich bete nicht nur in meinem Kämmerlein. Das Telefon steht am Ende des Bügelbretts. Wenn eine Freundin anruft und wir miteinander reden, schalte ich das Bügeleisen ein, und während unseres Besuchs per Telefon tue ich meine Arbeit. Bügeln ist auch eine gute Gelegenheit, sich Bibelverse ins Gedächtnis zu rufen und darüber nachzudenken.

Von der Freiheit, Liebe zu empfangen und zu geben

Das Schlimmste für mich ist es, wenn alle Familienglieder am gleichen Tag ihre Arbeit versäumen und mich mit allem sitzen lassen. In einer solchen Situation entdeckte ich eine wunderbare Wahrheit.

Früh an diesem Morgen hatte das Telefon geklingelt, und ich hatte erfahren, daß wir eine Gruppe von Leuten, die ich nicht kannte, zum Abendessen (Hauptmahlzeit am Spätnachmittag oder frühen Abend) haben würden. Das bedeutete eine völlige Änderung aller Pläne, denn ich brauchte Zeit zum Einkaufen und zur Vorbereitung des Essens.

Nachdem die Familie am Morgen das Haus verlassen hatte, ging ich zunächst in Joys Zimmer. Gewöhnlich brachte sie morgens ihren Raum in Ordnung. Gewöhnlich! Aber ausgerechnet heute war einer ihrer ungewöhnlichen Tage. Nicht nur ihre Decken lagen auf dem Boden, mir schien auch der gesamte Schrankinhalt.

Ich war ärgerlich. Wie konnte sie mir das ausgerechnet heute antun?

Dann mußte ich denken: Habe ich dieses Zimmer Gott nicht gegeben? Hatte er heute die Dinge nicht in seiner Hand? Was sollte ich aus dieser Erfahrung lernen?

Als ich mich dann auf die Tatsachen statt auf meine Gefühle konzentrierte, sah ich, daß das Bett sowieso abgezogen werden mußte; und das Zimmer müßte ich eigentlich wieder einmal etwas gründlicher saubermachen, nicht nur so obenhin wie gewöhnlich. Der Boden war mit dem Staubsauger schnell gereinigt, die Möbel waren schnell abgestaubt und poliert. Dann, als I-Punkt stellte ich eine Rose auf das kleine Tablett mit den Früchten und schrieb auf einen Zettel: »Ist Gott nicht gütig, daß er uns ein so schönes Heim gibt? Dein Zimmer ist schön – es hat mir Freude gemacht, es zu richten. Ich liebe Dich. Deine Mutter.« Ich wandte mich meiner übrigen Arbeit zu und hatte ein Gefühl, als ob ich gerade einen Berg versetzt hätte.

Später, am Nachmittag, wurde die Tür leise geöffnet, und ein liebes kleines Mädchen schlüpfte in das Zimmer, in dem es ein Chaos vorzufinden dachte. Lange Zeit war alles still. Dann legten sich zwei Arme um meinen Hals, und sie sagte: »Mutti, was bin ich so froh, daß du mein Zimmer saubergemacht hast. Kann ich etwas bügeln oder bei der Zubereitung des Essens helfen?«

Welche Wand war niedergerissen worden, weil ich einem Familienglied etwas Liebe erzeigt hatte. Es ist etwas ganz Eigenartiges, wenn wir die Dinge und Umstände, die uns irritieren, als Gelegenheit benutzen, unsere Liebe zu zeigen – oft denen gegenüber, die uns so gereizt haben. Solange Wände zwischen uns stehen, können wir uns nicht wirklich lieben.

Ob es nun erschütternde Situationen sind oder die alltäglichen monotonen Dinge, wir finden uns ständig in Lagen, die uns Furcht einflößen wollen. Wir können versuchen, uns davor zu verstecken, uns selbst etwas vorzumachen. Oder wir können mit Gott den Umständen und der Angst entgegentreten. Nur in der Konfrontation können wir lernen, über den Umständen zu stehen und nicht darunter. Nur in der Konfrontation können wir lernen, was Gott uns lehren will. Nur in der Konfrontation können wir lernen, zu vergeben und Vergebung zu empfangen – nicht weil wir sie verdienen, sondern weil das der Weg Christi ist. Der Tod der Ichsucht ist die Geburt der Freiheit.

Wir sollen Jesus erkennen, wie er ist, und ihn unseren Mitmenschen zeigen, denn er sagt: »Die Wahrheit wird euch frei machen« (Joh. 8,

32), die Wahrheit dessen, was wir fühlen, die Wahrheit der Selbsthingabe füreinander in Liebe in der Weise, wie Christus sich selbst für uns gegeben hat. »Ich bin der Weg, die Wahrheit und das Leben; niemand kommt zum Vater denn durch mich« (Joh. 14, 6).

Wahrheit plus Verantwortung, die in liebendem Handeln zum Ausdruck kommt, wirkt Freiheit. Sie und Ihre Familie können frei werden durch den Gehorsam gegenüber Christus und seinem Gebot.

»Wenn euch der Sohn frei macht, dann seid ihr recht frei« (Joh. 8, 36).

Sicherheit, die hinweggenommen werden kann,
ist keine Sicherheit.
»Der Himmel wird wie ein Rauch vergehen
und die Erde wie ein Kleid zerfallen . . .
Aber mein Heil bleibt ewiglich, und meine
Gerechtigkeit wird nicht zerbrechen« (Jes. 51, 6).

3. Der Schritt in die Sicherheit

Haben Sie als junges Mädchen davon geträumt, eine charmante Dame zu werden, mit eleganten Kleidern, einem schönen Heim, einem liebenden Ehemann und vielleicht mit klugen und glücklichen Kindern? Leider bereiten uns Träume nur selten auf die Wirklichkeit des Lebens vor. Sie zeigen uns auch nicht, wie wir die Träume verwirklichen können.

Selten sieht eine junge Braut all die Rollen voraus, die ihr dann als Frau und Mutter zufallen. Für fast alle Berufe wird eine intensive und spezielle Ausbildung angeboten. Aber für eine Frau, die Wirtin, Sekretärin, Ratgeber, Public Relation Manager, Erhalter der Kultur, Buchhalter, Verwalter, Diätkoch, Koch, Näherin, Chauffeur, Krankenschwester, Lehrer, Wäscherin, Spielkamerad, Mädchen für alles, Schiedsrichter, geistlicher Helfer, Spender von Liebe und Trost werden soll, gibt es nur sehr wenig Vorbereitung.

Aber das ist noch nicht alles. Eine Frau soll immer die zauberhafte Geliebte bleiben, die verständnisvolle Partnerin, die geduldige, nie müde werdende Königin des Schlosses. Es wird Augenblicke geben, in denen das Bild Ihres »Königs« etwas von seinem Glanz verlieren wird, und Sie möchten ihn – wenigstens für den Augenblick – abdanken sehen.

Erinnern Sie sich an die Zeit Ihrer Verlobung? Waren Sie da nicht absolut sicher, einen außergewöhnlichen Mann gefunden zu haben? Einen Mann, der stark, aber gütig ist; stark genug, Sie zu schützen, aber nie so stur, daß er Sie hindern würde, das zu tun, was Sie möchten? Es würde Blumen geben, Geschenke, Kerzenlicht und Romantik, Komplimente und Wertschätzung. Natürlich würde es auch Probleme geben, aber man würde miteinander reden und sie zusammen lösen.

Nur allzubald stellten Sie fest, daß man von Liebe allein nicht leben kann. Die Rechnungen haben die unangenehme Angewohnheit, fällig zu werden. Zwei brauchen mehr zum Leben als einer. Und dann sind da drei. Die Preise klettern; Sorgen und Enttäuschungen türmen sich auf.

Die erste Enttäuschung in der Ehe bildet gewöhnlich die Entdekkung, daß man nicht frei ist. Vorher wollte man frei sein von dem elterlichen Anspruch. Man war der Meinung, nach seinen eigenen Regeln leben zu können. Dann merkte man, daß der Ehemann dieselben Ideen hatte. Er stellte ebenfalls seine eigenen Regeln auf und bestimmte, was getan werden sollte. Man stellte fest, daß man nur das Management gewechselt hatte.

Irgendeine Autorität wird immer in unserem Leben sein. In der Schule sind es die Lehrer, im Leben draußen die Polizei und die Gesetze. Ärzte sind Autoritäten auf physischem Gebiet, Pastoren auf geistlichem, und wir lehnen uns auf gegen den einengenden Einfluß. Trotzdem erkennen wir die meisten Autoritäten als notwendig an. Manchmal sind wir sogar dankbar dafür, vor allem, wenn wir von einer schützenden Autorität profitieren.

Aber es gibt eine Autorität in unserem Leben, an die wir selten denken und die wir oft gar nicht erkennen. Das ist Gott, der uns führt und beschützt. Oft denken wir: Wenn ich nur nicht ein so rebellisches Kind hätte, einen solch kritischen Ehemann, oder diese lauten Nachbarn, die unmögliche Schwägerin . . . Wenn sie nur etwas anders wären, ich würde nie ungehalten mit ihnen sein. Haben Sie nie daran gedacht, daß die schwierigste Person, mit der Sie zu leben haben, die kritischste, unfreundlichste, ungerechteste, die Ihnen am meisten abverlangt, Gottes ausgesuchtes Geschenk für Sie sein könnte?

Sicherheit durch Vergebung

Nur in Situationen, die unser ganzes Sein herausfordern und prüfen, lernen wir, in Wahrheit zu vergeben. Wenn wir nichts zu vergeben haben, wie können wir dann erwarten, je über Empfindlichkeit und Groll hinauszuwachsen? Wir möchten gerne auf der Bergeshöhe stehen und die herrliche Aussicht genießen, ohne durch die Täler und den Berghang hinaufkriechen zu müssen. Aber die Muskeln des Glaubens können nur durch Klettern und das Ausstrecken nach Höherem entwickelt und gestählt werden. Gott möchte keine geistlich blutarmen Kinder, deshalb gibt er uns die Kost, die für ein gesundes Wachstum notwendig ist.

Unsere Gedanken sind auf Bequemlichkeit und gutes Aussehen gerichtet, während Gott unsere innere Entwicklung und Schönheit im Auge hat. Diese Entwicklung kommt nur zustande, wenn wir die Autorität anerkennen, der wir Gehorsam schuldig sind. Wenn wir uns auflehnen gegen die Autorität, die Gott über unser Leben gesetzt hat, werden unsere Kinder sich ebenfalls auflehnen gegen die Autorität unserer Führung in ihrem Leben.

Wiederholt hat Gott in seinem Wort die absolute Wahrheit ausgesprochen: »Was der Mensch sät, wird er ernten« (Gal. 6, 7). Das, was wir anderen in der einen oder anderen Weise antun, werden auch wir an uns selbst erfahren. Das ist eine unumstößliche, ohne Ausnahme geltende Tatsache.

Gott hat ganz klare Anweisungen zur Lösung persönlicher Konflikte gegeben, die immer funktionieren. Daß wir voller Angst und Bitterkeit sein sollen oder in irgendeiner Weise unerfüllt bleiben sollen, hat er nicht vorgesehen.

Es gibt keine perfekte Ehe, weil es keine perfekten Menschen gibt. Niemand hat je alle Liebe und Freundlichkeit, die er haben sollte und die er sich wünscht. Niemand! Niemand kann je alle Nöte eines anderen ausfüllen. Wir verändern uns ständig und reagieren heute anders als gestern auf dieselben Dinge. Wenn jemand es fertigbringen würde, uns heute in jeder Weise gerecht zu werden, so sind doch morgen unsere Bedürfnisse wieder anders. Aber wir können grundsätzliche Wahrheiten finden, die ein glückliches, befriedigendes Leben miteinander gewährleisten.

Sicherheit durch Vollständigkeit

Tief im Herzen jedes Menschen liegt die Sehnsucht, ganz zu sein, vollkommen zu sein. Wir erkennen unsere Unvollkommenheit, unsere Lücken und sehnen uns nach jemand, der sie ausfüllen kann. Oft wirken Menschen anziehend auf uns, die in ihrer Persönlichkeit, ihrer Haltung und ihrem Handeln das Gegenteil von uns selbst sind. Das heitere, übersprudelnde, beschwingte junge Mädchen, das so leicht unterhalten kann, wird gerne mit einem Burschen ausgehen, der ihm in stiller Bewunderung zuhört. Ein sensibles, kreatives Mädchen mit künstlerischer Begabung mag sich zu dem offenen, zuversichtlichen Mann hingezogen fühlen, der es sicher führen kann. Manchmal ist es auch umgekehrt. Der Mann mit künstlerischen Qualitäten wählt eine Frau mit praktischem Sinn und Organisationstalent. Die Verschiedenheiten ergänzen die Persönlichkeiten.

Das ist vor der Ehe. Im täglichen engen Zusammenleben dagegen irritieren diese Verschiedenheiten oft, denn sie erfordern die Hingabe der eigenen Persönlichkeit. Wir müssen uns dem anderen anpassen; und sich verändern bringt Unsicherheit. Wir sind erschreckt und verletzt wegen der Meinung, wir hätten es *nötig*, uns zu ändern. Verletztsein bringt Zorn und Unwillen.

An dieser Stelle meinen wir vielleicht, wir müßten unserem Ehemann »helfen« - zu seinem eigenen Besten natürlich. Er muß lernen, die Dinge vom richtigen Blickpunkt aus zu sehen - von unserem eigenen. Zur gleichen Zeit versucht der Ehemann dasselbe. Die Bewunderung schrumpft, während die Kritik zunimmt. Das Problem ist, daß wir uns nur mit menschlichen Augen ansehen. Das kann so weit gehen, daß wir Zweifel an der richtigen Wahl des Ehepartners hegen. Wie konnte ein so talentiertes, intelligentes und schönes Mädchen einen so ungeduldigen, rücksichtslosen, sturen und egoistischen Mann heiraten? Der hat mich ganz schön betrogen!

Die Kommunikation stirbt unter der Kritik, und die Liebe verschwindet, wenn Selbstmitleid, Sorge und Unzufriedenheit wachsen. Die Sorge breitet sich aus, wenn wir meinen, einem bestimmten Mangel würde nicht abgeholfen und bestimmte Probleme blieben ungelöst. Wir schauen die Probleme an statt Gott, und wir suchen unsere eigene Lösung. Daß dieses Verhalten falsch ist, wissen wir. Aber das Wissen in die täglichen Erfahrungen umzusetzen, ist etwas ganz anderes.

Theoretisch vertrauen wir Gott, und wir möchten von ihm lernen. Aber tief in uns ist diese trügerische, verborgene Stelle, die explodiert, wenn die Dinge nicht nach unserem Willen gehen. Wir möchten Menschen und Ereignisse beeinflussen, damit das Leben für uns leichter läuft. Aber Gott liebt uns viel zu sehr, als daß er uns unseren Willen lassen würde; er weiß ja, daß es nicht funktionieren würde. Wenn wir Menschen und Dinge nach unserem Willen ändern könnten, würden wir uns damit selbst zerstören. Wir würden zunichte machen, was die anderen uns für unser eigenes Wachstum und unsere Vervollkommnung zu geben vermögen. Wir können auch nicht unseren Ehemann und die Kinder in das »Bild Gottes« gestalten, denn wir wissen nicht, welches Bild er für sie im Sinn hat.

Im Leben eines jeden Menschen gibt es ein Vacuum, das nie ausgefüllt werden wird, wenn es nicht von Gott selbst erfüllt ist.

Es ist die unerkannte Sehnsucht nach Gott, die uns veranlaßt, nach der Vervollkommnung unserer Selbst zu streben. Wir werden nie ganz zufrieden sein, wenn wir den Platz, der für Gott reserviert ist, mit Dingen oder Menschen ausfüllen. Erst wenn wir Gott unser Leben bedingungslos überlassen, damit er es ausfüllen und regieren kann, werden wir Frieden finden. Solange wir noch selbst die letzte Entscheidung treffen, hat Gott den ihm zustehenden Platz noch nicht eingenommen.

Gott *ist* Gott! Er ist die vollkommene Liebe, er besitzt alle Erkenntnis und er weiß um unsere Bedürfnisse und Nöte. Er will die Dinge in die Hand nehmen. Er wird Menschen, Plätze und Umstände verändern, vor allem Ehemänner, wenn wir das Hindernis unseres Selbst-machen-Wollens hinwegräumen. Erst dann können wir uns an seinem Wirken erfreuen.

Wenn Gott für uns einen speziellen Plan entwirft und uns befiehlt, unser Leben danach einzurichten, dann übernimmt er auch die volle Verantwortung für das, was dabei herauskommt. Und das wird *immer* zu unserem Besten sein. Unsere Gleichberechtigung besteht darin, daß wir Frauen Gottes sind und uns darüber freuen können.

Gemeinsamkeit – Zusammenleben – Gemeinschaft –, das sind Begriffe, die in unserer Zeit an Bedeutung gewonnen haben. Aber das Konzept des *Eins*seins wurde schon gegeben, als Adam seine Braut aus der Hand des Schöpfers empfing (1. Mose 2, 24). Die sexuelle Verbindung sollte reserviert sein für diese vollkommene Einheit zweier Menschen, die sich selbst dem *anderen* ganz geben. Es ist das völlige Ineinanderaufgehen von Gefühlen, Willen, Geist und Persönlichkeit – von allem, was wir sind. Indem wir eins werden mit dem Partner und mit Gott, finden wir unser höchstes Glück und bringen uns gegenseitig die Vollkommenheit, das Ganzsein, nach dem wir uns sehnen.

Die erste Frau wurde aus Adams Rippe gebildet. Sie wurde nicht geschaffen, um Autorität über Adam zu gewinnen. Ebensowenig sollte ihr Mann sie mit Füßen treten, sondern er sollte sie beschützen. Eva sollte an Adams Seite gehen, weder vor ihm herrennen, noch hinten nachhinken, sie sollte weder schieben noch ziehen, sondern stützen.

Die Gemeinde – das sind alle Menschen, die Vergebung ihrer Sünden erfahren und Christus als Retter angenommen haben –, wird in der Bibel Braut Christi genannt. Diese Braut verdankt ihre Existenz dem Leiden und Sterben Christi am Kreuz. Was sie zum Leben benötigt, ist identisch mit dem, was wir als Frauen brauchen. Sie muß reden können mit ihrem Bräutigam Christus. Wir nennen diese Tätigkeit beten. Sie lebt unter seinem Schutz. Sie hört täglich von seiner Liebe durch das Lesen in der Schrift. Wenn wir davon reden können, daß auch der Bräutigam etwas braucht, dann ist es die Anerkennung seiner Leitung, was durch den Gehorsam und die Ehrfurcht der Braut zum Ausdruck kommt.

Diese Leitung kann man oft in dem Leben von Frauen erkennen, die auf Ehe und Mutterschaft verzichten, um Gott zu einem bestimmten Dienst zur Verfügung zu stehen. Einige solcher Frauen haben unter der Leitung Christi, ohne die helfende Rolle eines Ehemannes, das Leben vieler Menschen beeinflußt.

Manche Frauen haben als Witwen entdeckt, daß die Verheißungen Gottes nicht in einem bloßen Konzept bestehen. Sie haben die Wirklichkeit der Führung und Leitung Gottes erfahren und haben durch ihren starken, lebendigen Glauben zu einem Leben äußerster Erfüllung und Schönheit gefunden.

Im Garten Eden redete Gott direkt mit Adam, den er zuerst geschaffen hatte. Er gab ihm Anweisungen für seine Aufgaben als Bebauer und Bewahrer der Erde. Er gab ihm auch geistliche Instruktionen. Alle Früchte der Bäume in dem wunderbaren Garten, den Gott dem Menschen zur Freude angelegt hatte, waren ihm zum Nutzen gegeben, mit der Ausnahme eines einzigen, klar bezeichneten Baumes. Dieser eine Baum war einmalig, denn seine Frucht enthielt die Erkenntnis von Gut und Böse.

Alles, was Gott dem Menschen gegeben hatte, war gut; aber die Kenntnis des Bösen war verboten, denn sie würde sein Leben zerstören durch Sünde, Krankheit und Tod. Diese Erkenntnis war in der Frucht eingeschlossen und klar bezeichnet als etwas, was der Weisheit Gottes vorbehalten war. Adam hatte die Anweisung seiner Frau mitgeteilt, wie aus der Antwort Evas an die Schlange zu erkennen ist.

Eva fiel der Einflüsterung Satans leicht zum Opfer, und sie beschloß zu nehmen, was Gott verboten hatte. Als sie ihren Mann kommen sah, ermunterte sie ihn, sich mit ihr in dem vorsätzlichen Ungehorsam zusammenzutun.

In Schuld und Angst kauerten sie dann zusammen unter den Bäumen, als Gott zu ihnen kam. Oft meinen wir, daß Gott täglich mit den Menschen zusammen im Garten wandelte, aber das sagt die Bibel nicht. Erst nachdem sie gesündigt hatten und sich versteckt hielten, kam Gott zu ihnen in ihrer Not, suchte sie und rief sie aus ihrem Versteck heraus. Er öffnete die Tür zum Bekennen. Er tut dasselbe auch heute noch. Die Strafe – eigentlich die Folge der Sünde – ist der Tod. Diese Todesstrafe hat Gott vollzogen, indem er seinen Sohn am Kreuz von Golgatha sterben ließ. Er ruft uns in unserer tiefsten Not, damit er sich uns mit seiner Liebe, Vergebung und Fürsorge offenbaren kann.

Diese Fürsorge basierte für Adam und Eva auf neuen Beziehungen in ihrem Leben miteinander. Die Schlange hatte den Fluch empfangen, weil sie als Satans Werkzeug die Frau verführt hatte. Die Erde würde den Fluch der Sünde des Menschen tragen, indem sie eine Ernte hervorbringen würde, die sie nie vorher gebracht hatte – Dornen und Disteln. Adam sollte in schwerer, körperlicher Arbeit – »im Schweiße seines Angesichts« (1. Mose 3, 19) – für seine Familie sorgen. Dieses Verantwortungsbewußtsein ist dem Mann seitdem angeboren. Es ist die Angst, darin zu versagen, die zum Barometer seines Erfolgs geworden ist; und oft flieht er vor diesem Instinkt. Aber Gott hat das Verlangen in des Menschen Herz gelegt, das zu tun, was dem Willen Gottes entspricht. Erfahrungen und Umwelteinflüsse mögen dieses Anliegen zerstören, aber das grundsätzliche Verlangen ist von Gott gegeben.

Gott redete auch mit Eva. »Ich will dir viel Beschwerden machen in deiner Schwangerschaft, und in Schmerzen sollst du Kinder gebären. Nach deinem Mann wirst du verlangen, er aber soll dein Herr sein« (1. Mose 3, 16). Der Schmerz war eine neue Erfahrung. Beim Gebären sollte er eine ständige Erinnerung an die Anstrengungen Satans sein, die Verbindung der Menschen zu ihrem liebenden Schöpfer zu zerstören – eine Verbindung, die eines Tages durch ein Kind, von einer Frau geboren, wiederhergestellt werden würde. Trotz der Schmerzen sollte Eva nach der Zuneigung ihres Mannes verlangen und seine Führung anerkennen.

Es bestehen viele Parallelen zwischen der geistlichen Familie Gottes und den engen Bindungen in einer glücklichen Familie. Im Epheserbrief lesen wir: »Ihr Frauen, seid euren Männern untertan wie dem Herrn. Denn der Mann ist des Weibes Haupt, wie Christus das Haupt der Gemeinde ist, die er als seinen Leib erlöst hat. Wie die Gemeinde Christus untertan ist, so seien es auch die Frauen ihren Männern in allen Dingen. Ihr Männer, liebet eure Frauen, wie auch Christus die Gemeinde geliebt hat und hat sich selbst für sie gegeben . . . die Frau aber fürchte den Mann« (Eph. 5, 22–25. 33).

Als Ehefrau habe ich gelernt, daß Gottes Gebote bedingungslos für mich sind. Mein Gehorsam ist nicht an die Persönlichkeit oder das Benehmen meines Mannes gebunden. Die Forderung besteht einfach darin, Gott völlig zu vertrauen – einfach zu tun, was er sagt, und die Folgen Gott zu überlassen. Gott kann keinen vorsätzlichen Ungehorsam segnen. Ich besitze kein *natürliches* Verlangen, daß irgend jemand – nicht einmal ein guter Ehemann – über mich bestimmt. Ich *möchte* mich nicht der Führung eines anderen unterordnen. Aber Gott hat eine wunderbare Liebe und Harmonie in unserer Familie wachsen lassen, und wir haben gelernt, daß uns dieses Gebot von uns selbst und von vielen Auswirkungen der Selbstsucht befreit. Wettbewerb mag in vielen Organisationen nötig sein, aber in der Familie entstehen dadurch nur tödliche Konflikte, Verkrampfungen und Enttäuschungen. Kreative Gedanken, Wünsche und Vorstellungen sollten miteinander besprochen werden, aber die letzte Entscheidung und Fürsorge hat Gott dem Mann gegeben.

Sicherheit durch Selbsterkenntnis

Viele Stimmen stellen die Rolle der Frau heute in Frage. Vielleicht sind auch Sie selbst auf der Suche nach Ihrer Identität. Vielleicht fragen Sie sich: Was und wie bin ich nun eigentlich als Modell Gottes? Sie sollen wissen, daß Sie absolut einmalig sind! Es gibt in der weiten Welt niemanden, der so ist wie Sie. Sie haben das große Vorrecht, das Leben des Babys, das Sie einmal im Arm halten mögen, zu formen. Falls Gott Ihnen dieses Vorrecht versagt, so hat er für Sie etwas viel Besseres ausgewählt. Er wird Sie in jedem Fall mit den genau richtigen Fähigkeiten ausstatten, die für Ihre Verantwortung und Gelegenheiten notwendig sein werden.

Sie haben den Reichtum Ihrer ausdrucksfähigen Gefühle empfangen, aber sie müssen geleitet werden, damit sie nicht zum herrschenden Faktor werden. Sie erfreuen sich an einem flammenden Sonnenuntergang, an der Harmonie der Musik, an Poesie, Kunst und vielen anderen Dingen. Sie empfinden Sehnsucht und tiefes Verlangen. Der Mann wird nie geboren werden, der Sie ganz verstehen und den schnell sich verändernden Bedürfnissen Ihres Lebens gerecht werden könnte. Und wenn er es könnte, wären Sie zu Tode gelangweilt.

Ihre Welt ist eine Welt von Menschen. Ein Kind schreit in der Nacht, und Sie stehen auf, um ihm zu helfen. Sie haben die Fähigkeit, die Nöte von Menschen zu erkennen und darauf zu reagieren. Ihre Gedanken sind bestimmt und können praktische Lösungen finden, aber sie mögen manchmal mehr von Gefühlen als von Tatsachen bestimmt werden.

Gott gibt jedem die Fähigkeit, das auszuführen, was er für ihn vorgesehen hat. Wenn wir den grundsätzlichen Sinn und Zweck unseres Lebens gefunden haben, den Gott für uns bestimmt hat, finden wir auch die Fähigkeit zur Ausführung.

Als Frauen denken wir nicht nur anders als Männer, wir haben auch andere Bedürfnisse. An erster Stelle stehen da Gedankenaustausch, die Gelegenheit, unseren Gefühlen Ausdruck zu verleihen und geliebt und geschützt zu werden. Wir brauchen Freiheit in vielen Dingen, aber trotzdem Sicherheit und das Wissen, gebraucht zu werden. Vor allem lassen wir uns gerne *sagen*, daß wir geliebt werden.

Unsere Männer brauchen die Bewunderung, den Respekt, die Dankbarkeit, die ihnen als Haupt und Versorger zustehen. Selbstverständlich fühle ich Eifersucht in mir aufsteigen, wenn meine Nachbarin in Anerkennung und Bewunderung für meinen Mann ausbricht, weil er ihren platten Reifen geflickt hat, während mein Fahrrad schon seit Wochen platt in der Garage steht! Sie schaut zu ihm auf und haucht: »Oh, ich wünschte, mein Mann würde solche Dinge tun.« Zorn steigt in mir hoch, und ich denke: Einen solchen Ehemann wünsche *ich* mir auch!

Aber was geschah, als er es das letzte Mal versuchte? Meine Reaktion war: »Das wird aber auch höchste Zeit!« Und war ich nicht zu kritisch mit seiner Arbeit?

Ein Mann *braucht* die Bewunderung von jemand, es ist eine von Gott gegebene Notwendigkeit. Sie teilen Ihrem Mann andere Gefühle mit. Warum lassen Sie ihn nicht auch Ihre Anerkennung und Bewunderung wissen? Sehr leicht vergißt man, wie viele Stunden ein Mann außer Haus gearbeitet hat, oft unter dem Druck starker Konkurrenz, die den Arbeitsplatz gefährdet. Anerkennung für diese Anstrengung ist sehr wichtig. Selbst der »schlechteste« Mensch hat etwas, was ehrliche Bewunderung verdient. Nichts tötet Kommunikation, Zusammenarbeit und Rücksicht so schnell wie Kritik und eine richtende Haltung.

Unser größtes Problem ist vielleicht der Mißbrauch des Gesprächs. Es ist erstaunlich, wie wir das, was wir denken und fühlen, tief in uns verschließen und die zarten, freundlichen Impulse ersticken. Es ist eine völlig in die falsche Richtung gehende Anstrengung, uns vor möglicher Zurückweisung und Verletzung zu schützen. Wir entwickeln unser eigenes, einmaliges Verschlüsselungssystem und fühlen uns entsetzlich verletzt, wenn es nicht richtig gedeutet wird und nicht den gewünschten Erfolg bringt.

Diese Tatsache wurde mir zum erstenmal bewußt, als eines Abends eine Reihe von Gästen unsere Wohnung verlassen hatte und ich anfing, die Küche wieder in Ordnung zu bringen. Plötzlich fühlte ich die Arme meines Mannes um meine Schultern, und er fragte: »Was ist los, Liebling?«

Erstaunt antwortete ich: »Nichts! Absolut nichts!«

Er lachte und meinte: »So viel habe ich ja nun schon gelernt. Wenn du die Töpfe und Pfannen herumknallst, dann hast du dich über irgend etwas geärgert. Was ist es, das dich so aufregt?«

Ich hatte nicht erkannt, daß eine Bemerkung von einem der Gäste mich tatsächlich verdrossen hatte. Mein Mann kannte mich besser als ich selbst. Er hatte den Code entziffert, dessen Existenz mir gar nicht bewußt war.

So gibt es viele Gelegenheiten, bei denen wir unbewußt unsere Botschaft aussenden. Ein vergessener Geburtstag – und die verschlüsselte Botschaft an den Ehemann mag etwa lauten: »Habe das Abendessen für dich in den Ofen gestellt. Hatte Kopfschmerzen und bin schon ins Bett gegangen.« Entziffert lautet das folgendermaßen: »Du Schurke! Du verdienst überhaupt kein Abendessen. Ich vergrabe meinen Kopf lieber in den Kissen, als jemand ansehen zu müssen, der zu selbstsüchtig und gedankenlos ist, um an meinem Geburtstag mit mir auszugehen!«

Gewöhnlich sind wir selbst die letzten, die erkennen, daß wir die tatsächliche Botschaft derart verkleidet haben. Oft wissen wir nicht, warum wir so enttäuscht sind. Aber wenn wir uns über unsere Gefühle klarwerden und den Grund unserer Verdrießlichkeit dem anderen in einer Weise mitteilen, die bei ihm keine Schuldgefühle hervorruft, werden beide glücklich sein, und die Luft ist gereinigt. Zum Beispiel wird ein besseres Ergebnis erzielt, wenn man einfach sagt: »Du magst ja der meistbeschäftigte Mann in der Stadt sein, aber man hat nur einmal im Jahr Geburtstag. Möchtest du mich heute abend nicht ausführen?«

Die wenigsten Männer können den Code entziffern, sie empfangen unsere Botschaft gar nicht, weil sie in Tatsachen denken. Liefern wir ihnen also die Tatsachen, damit sie sich danach richten können.

Zu oft setzen wir in unseren Gesprächen den anderen herab. Die größte Angst des Mannes ist die Angst zu versagen. Er fürchtet, seine Familie nicht angemessen versorgen zu können. Er hat Angst, als Ehemann und Vater zu versagen und dadurch seine Selbstachtung zu verlieren. Es gibt Männer, die in früher Kindheit solche Wunden empfangen haben, daß sie die finanzielle Verantwortung oder die Führung einer Familie nicht übernehmen wollen. Sie sind als Kinder so behandelt worden, daß sie unfähig sind, etwas erfolgreich durchzuführen. Die ständige Kritik und Herabsetzung einer Frau wird einen solchen Mann darin bestärken, etwas gar nicht erst zu versuchen. Freundliche Ermutigung, Zuversicht und Liebe können diese Wunden heilen.

Wir sollten nie Vergleiche anstellen, die die Fähigkeiten unserer Männer verspotten. Die Natur hat uns den Instinkt eingegeben, uns vor möglichem Versagen zu verstecken. Die Versuchung zu solcher Flucht kann für einen Mann verschiedene Formen haben. Er kann sich in eisigem Schweigen zurückziehen, vor allem, wenn seine Vorschläge abgelehnt oder kritisiert wurden. Er kann sich einfach in ein Lokal setzen und sich mit anderen Kunden und der Bedienung unterhalten. Er mag sich mit anderen Männern zusammentun, die ähnlichen Problemen entrinnen wollen und gelernt haben, ihre Leere mit Pokern, dem Besuch von Sexfilmen oder unerlaubten Verhältnissen auszufüllen. Manchmal ist das Aufgehen in der Arbeit oder einer sozialen oder religiösen Tätigkeit der Weg aus dem Dilemma. Gefährliche Sportarten oder kriminelle Tätigkeit können eine andere Kompensationsart sein. Extreme Auswüchse mögen Brutalität gegenüber Frauen oder geistige Abwendung von der Wirklichkeit sein. Letzteres kann dann in Selbstmordgedanken enden.

Wie umfassend ist die Fürsorge Jesu, wenn er uns auffordert, jedes Versagen – ob tatsächlich oder eingebildet – in seine liebenden Hände zu legen, es loszulassen und Vergebung und Frieden zu empfangen. Die Fehler der Vergangenheit können wir nicht mehr ändern, sie können nur vergeben werden. Aber die Zukunft wird davon abhängen, was wir heute mit diesen Fehlern machen.

Ungeahntes Glück wartet auf uns, wenn wir unser Erinnerungsvermögen darauf trainieren, zu »vergessen, was hinter uns liegt, und uns nach dem auszustrecken, was vor uns liegt« (Phil. 3, 13). Das Resultat eines Lebens in der Vergangenheit ist nur allzuoft Trennung und Scheidung – die Zerstörung der Zukunft.

Die hauptsächliche Ursache von Ehescheidungen in Amerika wird nur selten genannt. Wir haben viele beschönigende Ausdrücke dafür gefunden, während wir das wirkliche Problem ignorieren. Die lakonisch festgestellte Unverträglichkeit bedeutet, daß die Bedürfnisse von Mann und Frau von dem Partner nicht erfüllt werden. In den meisten Fällen sind sie deswegen nicht erfüllt worden, weil der eine oder beide Partner solche Wünsche nicht von dem Standpunkt des anderen aus betrachtet hat. Jeder erwartet von dem anderen, daß er sein Verhalten ändert (mit einigen nicht sehr hilfreichen Schubsern) und sich nach den eigenen Wünschen und Bedürfnissen richtet. Aber jemand muß die Initiative ergreifen.

Die meisten Menschen setzen viel eher eine Scheidung in Gang, als daß sie Schritte unternehmen, die zu einer glücklichen Ehe führen würden. Die Scheidung legt einem oder beiden Partnern die Schuld auf; das wird gesetzlich festgelegt. Aufbau dagegen erfordert Selbsthingabe und kann nur durch Erfahrung zustande kommen.

Die Ehe an sich schafft keine Probleme, sie beleuchtet nur in Streß- und Drucksituationen die Fehler und ungelösten Konflikte unserer Persönlichkeit und bringt sie an die Oberfläche, wo sie deutlich sichtbar und vergrößert werden. Eine Ehe geht in die Brüche, wenn jeder Partner meint, der andere müsse seinen Nöten und Bedürfnissen gerecht werden, und ihn richtet, wenn er darin zu versagen scheint. Wie empfindlich reagieren wir, wenn wir meinen, der andere bleibe uns etwas schuldig. Und unser Ehepartner tut dasselbe. Einfache, selbstverständliche Höflichkeit, vernünftige Körperpflege und Taktgefühl können viele Probleme lösen.

Die bedeutungsvollsten Minuten des Tages sind die ersten fünf am Morgen, nachdem wir aufgewacht sind und uns des anderen bewußt werden. Unser Aussehen, der Ton unserer Worte und vor allem unser Verhalten graben sich dann unauslöschlich ins Bewußtsein. Die nächstwichtigen Augenblicke sind die ersten Minuten des Zusammentreffens am Abend, nachdem wir durch den Arbeitstag getrennt waren.

Wenn wir unsere Liebe zeigen wollen, sollten wir eine Atmosphäre des Willkommens schaffen. Wie wir das im einzelnen tun, kommt auf die Umstände an. Auf jeden Fall sollte der Mann sehen und merken, daß er erwartet wird.

In einem Eheseminar sagte ein Mann einmal: »Ich denke, das Schönste in der Welt muß es sein, seine Hand auf die Türklinke zu legen und zu wissen, daß auf der anderen Seite jemand ist, der einen liebt und auf einen wartet. Das läßt einen allen Ärger und alle Probleme des Tages vergessen. Wer legt schon Wert auf eine schnell hingekritzelte Notiz und ein Fernsehabendbrot? Soll ich mich dafür

50 Stunden in der Woche plagen? Was suche ich denn am meisten in dieser Welt? Ich möchte eine Frau, die glücklich ist. Wenn sie glücklich und zufrieden ist, bin ich es auch. Und ich möchte sie um mich haben, wenn ich nach Hause komme, und nicht in irgendeinem Klub wissen.

Warum sollte ein Mann einen Besen nehmen und einen Pfad zwischen dreckiger Wäsche und Spielzeug kehren müssen? Meine Frau arbeitete früher in einem Büro. Sie war ein ausgezeichneter Organisator und sah immer sehr gut aus. Aber als sie aufhörte zu arbeiten, hörte sie auch auf, sich ordentlich zurechtzumachen – auf jeden Fall für mich. Höchstens, wenn sie zu irgendeinem Klubtreffen geht, macht sie sich einmal nett. Selbst die Kinder sind immer dreckig und schreien herum. Warum sollte ein Mann in den ersten fünf Minuten, nachdem er nach Hause gekommen ist, seinem Sprößling die Windeln wechseln? Ich glaube nicht, daß solche Zustände an Zeitmangel liegen, sondern an mangelnder Fürsorge für den anderen.«

Fürsorge wächst aus starken Beweggründen. Sie setzt Prioritäten in unserem Leben in punkto Zeit und Wichtigkeit. Die Liebe und Fürsorge Gottes hat die Sorge füreinander in unser Leben gestellt. Ohne sie finden wir nicht das glückliche Leben, nach dem wir uns sehnen. Gott will die Bürde unnötiger Verantwortung, die unseren Nacken beugt und uns ermüdet, hinwegnehmen. Er läßt es in seiner Fürsorge nicht zu, daß wir den anderen verändern und biegen, so wie wir ihn haben möchten, denn damit würden wir den Ausgleich, den wir brauchen, zerstören. Wenn Sparsamkeit und Großzügigkeit zusammenwirken, werden Knauserei und Selbstsucht überwunden. Vorsicht und Kühnheit gepaart bringen die rechte Balance. Der Täter und der Träumer sind notwendig, um Pläne zu entwickeln und sie zur Ausführung zu bringen.

Die Freude liegt in der Annahme der Verschiedenheiten begründet, die eine Quelle und Reserve für Vitalität und neue Interessen sein können. Es ist der Töpfer, der beide so geformt hat, und sein Plan ist vollkommen. Er trägt die Verantwortung für die Ehefrau, die seinem Plan der Oberherrschaft in ihrem Leben vertraut. Gott ist letztlich das Haupt der irdischen Familie wie auch der himmlischen. Er formt die irdische Familie nach dem Vorbild der himmlischen durch das Haupt, das er gesetzt hat, nämlich den Ehemann. Es ist der Anfang wirklicher Sicherheit, sich auf Gott zu verlassen in allem, was wir nötig haben. Denn niemand ist abhängig von der Güte oder dem Verhalten irgendeines Menschen. Wir sind allein abhängig von Gott. Wir haben den Himmel nicht verdient, er hat ihn uns zugängig gemacht. Das ist seine Liebesgabe an uns. Wir haben das Vorrecht, andere frei zu machen, damit sie ihre Möglichkeiten erkennen. Dazu aber müssen wir sie Gott überlassen, auch wenn es uns schwerfällt, zurückzustehen.

Sicherheit in der Unterordnung

Wie Sarah, die Frau Abrahams, so lernen auch wir, daß unser Vertrauen auf Gott gegründet sein muß. Aber unseren Ehemännern, die Gott als Haupt der Familie gesetzt hat, sind wir untertan. Durch die willige Unterordnung sind wir Zeugen für Gott, der allein die Verantwortung für unser Wohlergehen trägt.

»*In demselben Geist* (siehe 1. Petr. 2, 21–25) sollt ihr Ehefrauen euren Männern untertan sein, auf daß auch die, die nicht glauben an das Wort, durch der Frauen Wandel ohne Worte gewonnen werden, wenn sie sehen, wie ihr in Reinheit und Gottesfurcht wandelt. Euer Schmuck soll nicht auswendig sein mit aufwendigen Frisuren, kostbaren Juwelen oder prächtigen Kleidern, sondern der verborgene Mensch des Herzens im unvergänglichen Schmuck des sanften und stillen Geistes! Das ist köstlich vor Gott. Denn so haben sich auch vorzeiten die heiligen Frauen geschmückt, die ihre Hoffnung auf Gott setzten und ihren Männern untertan waren« (1. Petr. 3, 1–5).

Es gibt weder Freiheit noch Sicherheit für jemand, der meint, seine Rechte selbst verteidigen zu müssen. Niemand unter uns kann sich vor Verletzungen, Enttäuschungen und scheinbaren Verlusten schützen. Solange wie wir das versuchen, ist unser Denken auf unser Ich gerichtet, das dadurch immer mehr mit Furcht, Groll, Selbstmitleid und Unsicherheit erfüllt wird. Der verkehrte Blick richtet sich nach innen, auf die Begrenzungen, die die Fehler der Vergangenheit verursacht haben.

Nur wenn wir unsere Zuversicht, unsere Gedanken und Hoffnungen auf Christus und seine unbegrenzte Liebe und Macht richten, können wir diese wunderbare Sicherheit finden, die sich nicht erschüttern läßt. Er liebt uns. Er wird für alles in unserem Leben sorgen, was wir ihm ausliefern. Er wird uns nicht verlassen noch versäumen.

Der Schlüssel zur Sicherheit ist das Vertrauen in Gottes Liebe. Es gibt keine Zufälle in unserem Leben. Was uns geschieht, ist an Gott vorbeigegangen. Es sind für uns Gelegenheiten, neue, gute Eigenschaften zu entwickeln, neue Tiefen des Verständnisses zu erlangen, der Vergebung, der Liebe für andere, der Barmherzigkeit – Gelegenheiten, die Reichtümer unseres himmlischen Vaters zu entdekken.

Ich stand einmal vor einer verschlossenen Bürotür. Niemand war da. Alles, was ich für eine wichtige Arbeit dringend brauchte, war hinter dieser Tür. Ich schaute auf die Schlüssel in meiner Hand und war ganz enttäuscht. Eine neue Tür war eingesetzt worden, und ich besaß nur die Schlüssel zu der vorigen Tür. Was nützten sie mir jetzt?

Da rief mir jemand zu: »June, du besitzt den Schlüssel, es ist dieselbe Tür wie zur alten Bibliothek!« Als ich mich umdrehte, schaute ich in das lachende Gesicht eines Freundes. Ich steckte den Schlüssel in das Schloß, und die Tür öffnete sich weit. Da war alles, was ich so dringend brauchte.

Derselbe Glaube, der Sie am Anfang Ihres Christenlebens zu Jesus brachte, ist der Schlüssel für die neue Tür. Wenn Sie glauben, daß Christus Sie liebt, daß er Sie erlöst hat, Ihre Sünden vergeben hat, können Sie ihm dann nicht auch die gegenwärtigen Umstände anvertrauen, selbst eine scheinbar unmögliche Ehe?

Gott sandte einmal vor langer Zeit einen Botschafter zu einer jungen Frau und ließ ihr sagen, daß »bei Gott nichts unmöglich ist« (Luk. 1, 37). Dieselbe Botschaft bringe ich Ihnen heute. Es gibt Zufriedenheit und Sicherheit, tiefer als Sie sich je haben träumen lassen.

Dieser Schatz ist für Sie erreichbar, wenn Sie in den Reichtum der Liebe Gottes hineintauchen, der unsere »unmöglichen Situationen« verändern kann mit dem Licht seiner Gegenwart. Wenn Sie Ihr Leben für das neue Management öffnen, übernimmt Gott die Verantwortung für Ihre Zukunft.

»Bei Gott ist kein Ding unmöglich!« (Luk. 1, 37)

Den Frieden lasse ich euch,
meinen Frieden gebe ich euch . . .
Euer Herz erschrecke nicht und fürchte sich nicht
(Johannes 14, 27).

4. Gehen Sie zurück, finden Sie Frieden!

Gott hat ein fantastisches Geschenk für Sie! Ein Geschenk, das Ihre Gedanken und Ihre tägliche Routine mit Glanz und Freude erfüllen wird. Wenn Sie sein Geschenk des Friedens entdeckt haben, ist Ihre Zukunft so hell wie die Verheißungen Gottes. Friede ist eine Brücke zwischen Vergangenheit und Zukunft – einer Zukunft, die noch unbekannt ist. Friede ist mehr als die Abwesenheit von Spannungen und Reibungen. Es ist eine positive Ruhe, die in der Turbulenz von Veränderungen und Schwierigkeiten nicht verlorengeht. Es ist eine innere Harmonie, die Kraft für den Tag hervorbringt. Es wird oft gesagt, die meisten Menschen würden täglich zwischen zwei Dieben gekreuzigt. Der eine ist Schuld und Bedauern für gestern, der andere Furcht und Sorge für morgen. Beide rauben uns die Köstlichkeiten des Augenblicks. Nur heute *ist*!

Das Zurückschauen macht die Ehe und andere menschliche Gemeinschaften stumpfsinnig und bitter, wenn nicht zum offenen Schlachtfeld. Teppiche, schnelle Wagen, luxuriöse Wohnungen und gewichtige Bankkonten wirken weder Frieden noch Glück. Auch das Fehlen dieser Dinge bringt keine innere Harmonie.

Frieden durch Aufrichtigkeit und Vergebung

Unsere Gefühle von ungeliebt und überflüssig sein, von ungerechter Behandlung und Nichtverstehen gründen sich auf eine falsche Buchführung. Es ist leicht, auf Ereignisse und Menschen zurückzuschauen, die in unserer Vergangenheit eine Rolle gespielt haben. Wenn ich dabei die Kränkungen, Fehler und Ängste aufzähle und festhalte, dann werden diese Dinge ein ungeheures Gewicht auf die heutigen Geschehnisse legen. Ich werde die Vergangenheit wieder erleben, die Erfahrungen neu erstehen lassen, bis meine Zukunft eine einzige Wiederholung der Auftritte wird, die bei Gott längst als nicht existent erklärt sind.

Es ist unmöglich, mit Schuld und Enttäuschungen der Vergangenheit zu leben und gleichzeitig Frieden für heute und Hoffnung für die Zukunft zu haben. Berühmte und tüchtige Ärzte glauben, daß viele Krankheiten seelischen Ursprungs sind und daß unser Hormonhaushalt ein Schutz- und Abwehrsystem für unseren Körper bildet. Wenn unsere Gefühle und unser Verhalten in Unordnung sind, werden die Abwehrkräfte behindert, und wir werden krank. Unserem Gefühlssystem ist es möglich, bestimmte Geschehnisse, die zu schmerzvoll in der Erinnerung werden, einfach zu verdrängen. Zeitweilige Blindheit, Taubheit und andere Zustände können daraus resultieren.

Aber vergrabene Dinge haben die Angewohnheit, früher oder später wieder an die Oberfläche zu kommen. Und es sind die vergrabenen Schuldgefühle, die im Verborgenen wachsen und die die meisten physischen, seelischen und geistlichen Krankheiten hervorrufen.

Das war auch der Fall bei Jennifer. Sie war eine attraktive, talentierte Frau, ein guter Organisator und Verwalter. Ihr Glaube und ihre Freundlichkeit schienen Berge zu versetzen. Je größer die Schwierigkeiten wurden, um so größer schien ihre Tragkraft zu sein. Zu Hause gab es viele Probleme, und zeitweilig arbeitete sie vollzeitig, um die finanziellen Probleme zu überwinden. Schwierigkeiten mit den heranwachsenden Kindern und einer Tochter im Gefängnis bildeten zusätzliche Sorgen.

Schließlich änderte sich ihr Leben. Ihr Mann fand eine gute Arbeitsstelle und verdiente bald sehr viel Geld. Sie kauften ein schönes Haus und all die Dinge, die für Geld zu haben sind. Die Tochter im Gefängnis erkannte die Wirklichkeit Christi als Erlöser und Erretter und fing an, an anderen Frauen im Gefängnis zu arbeiten. Als sie entlassen wurde, zeigte sie weiter dieselbe Liebe und das Verständnis für Menschen in Not.

Eines Tages rief mich Jennifers Mann an und sagte: »Mit meiner Frau ist irgend etwas nicht in Ordnung. Ich mache mir große Sorgen. Sie ist so niedergeschlagen. Wenn nicht etwas geschieht, fürchte ich, wird sie schließlich in eine Nervenklinik kommen.«

Kurze Zeit danach aß ich mit Jennifer zusammen zu Mittag. Es war kaum zu glauben, wie diese warmherzige, immer heitere Frau, die ich gekannt hatte, verändert war. Jetzt saß mir eine verzweifelte, desinteressierte Person gegenüber, die mich kaum anschaute. Wir redeten über viele Dinge, selbst aus frühester Kindheit in einer kleinen Stadt im Osten der Vereinigten Staaten. Danach trafen wir uns noch öfters, und eines Tages fragte ich sie, was das am meisten beängstigende Erlebnis in ihrer Kindheit gewesen sei. Sie erzählte von ihren Eltern, die kalt und abweisend zueinander waren. Sie redete von Dingen, die schon jahrelang vergessen gewesen waren, und dann sagte sie: »Der schlimmste Tag war, als mein Vater die Kellertür verschloß.« Und sie erzählte eine Geschichte voller Haß gegen ihren Vater. Er hatte sich sexuell an ihr vergangen, als sie noch sehr klein war. Dann hatte er sie mit Geschenken bestochen, damit sie es ihrer Mutter nicht erzählen würde.

Sie sagte: »Niemand hat je davon erfahren. Ich wurde nie bestraft. Aber ich habe meinen Körper immer gehaßt. Ich bin von einem Extrem ins andere gegangen. Manchmal habe ich mein Äußeres völlig vernachlässigt und dann wieder extravagante Kleider getragen. Ich mußte alles besser machen als die anderen, damit die Leute mich gern haben sollten. Die Erziehung unserer Kinder war unausgeglichen. Ich habe sie alles tun lassen, was sie wollten, und wenn die Dinge sich dann so gehäuft hatten, daß ich es nicht mehr ertragen konnte, verlor ich alle Selbstkontrolle und habe sie ohne ersichtlichen Grund gestraft. Ich habe den Unterschied zwischen Strafe und Erziehung gelernt, aber erst, nachdem schon viel Schaden angerichtet war. Ihr Leben ist ein Playback meiner Probleme gewesen. Vielleicht haben sie unbewußt sich selbst strafen wollen für die Dinge, die ich ignoriert habe.«

Das Gewissen ist ein wunderbares Instrument. Es ist ein Frühwarnsystem, das sofortige Korrektur von Fehlfunktionen, Gedanken und Taten verlangt, um uns vor dem Schaden angesammelter Fehler und Konflikte zu schützen. Es verlangt entweder Vergebung oder Strafe. Wenn dieses Gefühl für Strafe nicht durch andere Menschen oder Ereignisse befriedigt wird, legen wir uns eigene Strafen auf und verlieren unsere Selbstachtung.

Jennifer fand Genugtuung für ihre vergrabenen Schuldgefühle in den schwierigen Jahren ihrer Ehe. Sie besaß nicht die Fähigkeit zum Glücklichsein, weil sie die Bürde ihrer Probleme aus frühester Kindheit mit sich herumschleppte. Eines erfolgreichen Lebens fühlte sie sich nicht wert und konnte es deshalb nicht annehmen. Sie hatte die zerstörende Aktivität von verkehrtem Stolz erfahren: das Sehnen nach Selbstvollkommenheit. Da sie die nicht finden konnte, haßte sie sich selbst.

Die Heilung beginnt dort, wo wir uns so sehen, wie wir sind: ein

Mensch, der nicht perfekt ist und es auf dieser Erde nie sein wird, aber der von Gott geliebt und wertgeschätzt ist und für andere von großem Nutzen sein kann. Wir können uns nicht selbst bestrafen und dadurch unsere Schuld loswerden. Wir müssen sehen, was Schuld wirklich ist, und erkennen, daß Christus unsere Strafe auf sich genommen hat, damit wir Vergebung empfangen können, erneuert werden und gesund werden können.

Jennifer erfuhr die Freude der Befreiung, die Freiheit der Aufrichtigkeit und Vergebung und den daraus resultierenden Frieden. Ihr Vater war nicht mehr der Mensch, den sie haßte, sondern ein alter Mann mit kranken Gefühlen und krankem Geist. Nachdem sie Vergebung von Gott empfangen hatte, konnte sie nun auch denen vergeben, die sie bisher gehaßt hatte. Die Mauern des Betrugs und der Täuschung wurden niedergerissen, und die Liebe konnte ungehindert wirken. Sie wurde fähig, sich über das Gute in ihrem Leben zu freuen, das Gott ihr durch einen liebenden Ehemann schenkte.

Die Gefahr unbeglichener Schuld

Nicht alle Versuche der Selbstbestrafung resultieren aus vergrabenen und vergessenen Fällen, manchmal erkennen wir gar nicht den Grund oder die Wirkungslosigkeit unseres Tuns. Ein sehr bekannter Fakir in Lahor, Indien, baute sein ganzes Leben auf den Grund von Selbstbestrafung und Sühne. Schon als Junge schmiedete er eine Kette um seinen Körper. Er glaubte, sich damit für jede verkehrte Tat seines Lebens bestrafen zu können. Jeden Tag fügte er neue Glieder an die Kette. Im Laufe der Jahre wurde sie so schwer, daß er nur noch durch den Dreck der Straßen kriechen konnte. In den letzten Jahren seines Lebens schleppte er ein Gewicht von mehr als sechs Zentnern mit sich herum. Er starb, ohne je die Freiheit erlebt zu haben. Ein Leben, das von Frieden und positivem Wirken hätte erfüllt sein können, endete in nutzlosen Ketten.

Jeder Mensch versucht, auf eine der drei folgenden Arten mit seiner Schuld fertig zu werden:

1. Durch bewußtes oder unbewußtes Unterdrücken und Vergraben.

2. Indem die Schuld auf die eine oder andere Weise zum Ausdruck gebracht wird.

3. Durch Bekennen der Schuld und die Erfahrung von Vergebung und Freiheit.

Jennifer und der Fakir litten schwer unter ihrer unbeglichenen Schuld. Im Laufe der Jahre hatte Jennifer mehrmals oberflächliche Dinge bekannt (die täglichen kleinen Verfehlungen), aber auch nur oberflächliche Linderung erfahren. Die tiefere Schuld blieb begraben. Eine Zeitlang hatte sie sogar vergessen, was geschehen war, aber sie litt unter den Auswirkungen. Oft sind es die versteckten, für den Augenblick vergessenen Konflikte, die eine unbestimmte Furcht vor kommendem Unglück hervorrufen. Diese Ängste rauben uns die Hoffnung und die freudige Erwartung des wunderbaren Wirkens Gottes in unserem Leben, und sie hindern uns daran, uns selbst zu achten.

Kathy machte genau diese Erfahrung. Eines Abends erzählte sie mir: »Ich habe einen guten Mann kennengelernt; er ist Christ. Aber ich habe manchmal solche Angst. Was geschieht, wenn unsere Liebe nicht standhält? Ob ich ihm überhaupt eine gute Frau sein kann? Vielleicht liebt er mich nicht mehr, wenn wir eine Weile verheiratet sind!« Ihre Hand mit der Teetasse fing an zu zittern, als sie von ihrer Zukunftsangst sprach. Im weiteren Gespräch erkannte sie, daß unter der Furcht die Erinnerung an ein früheres Verhältnis begraben lag, das mit einer Schwangerschaft geendet hatte. Wie ein Riese stand die Schuld zwischen ihr und einer glücklichen Zukunft.

Sie hatte zeitweilige Erleichterung gefunden, indem sie die Schuld an dem Geschehen dem jungen Mann zuschob. »Wenn er nur nicht so bedrängend und beschwörend gewesen wäre, hätte das nie passieren können!«

Ist es nicht eine große Versuchung, den schwarzen Peter weiterzuschieben, das eigene Tun zu rechtfertigen und die Schuld den anderen zu geben?

Letzte Woche besuchten mich meine zwei kleinen Enkelsöhne für einen Tag. Als sie ankamen, zog ich gerade ein Blech mit Kleingebäck aus dem Ofen. Ich verließ die Küche, weil das Telefon klingelte. Als ich zurückkam, sagte Danny: »Oma, Eric hat zwei von deinen Plätzchen genommen!« Danny war sehr still, als wir dann zusammensaßen, Gebäck aßen und Milch tranken. Nach einer Weile kam ein scheues Lächeln in sein Gesicht, und er erzählte: »Oma, ich habe auch von deinen Plätzchen genommen.«

Ich legte meinen Arm um ihn, drückte ihn fest und erklärte: »Ich habe sie für euch gebacken. Ich bin froh, daß du mir gesagt hast, was du getan hast. Jetzt können wir alle uns die Plätzchen schmecken lassen.« Plötzlich schien der Raum von Sonne erfüllt zu sein. Die

Freiheit, zu lieben und geliebt zu werden, gab die Sicherheit, sagen zu können: »Ich habe etwas falsch gemacht.«

Wir lächeln über die List eines Kindes, das der Verantwortung über sein Tun zu entgehen sucht, und unser Verhalten ist doch oft nur ein viel raffinierterer Versuch, genau dasselbe zu erreichen. Aber unser Erretter läßt uns wissen, daß wir seiner Liebe und Vergebung trauen können. Wir können frei sein, wir brauchen nicht auf die Fehler und Schulden der anderen zu zeigen, um unsere eigenen zu verdecken.

In Matthäus 7, Vers 1–5 wird uns gesagt: »Richtet nicht, auf daß ihr nicht gerichtet werdet. Denn mit welcherlei Gericht ihr richtet, werdet ihr gerichtet werden; und mit welcherlei Maß ihr messet, wird euch gemessen werden. Was siehst du aber den Splitter in deines Bruders Auge und wirst nicht gewahr des Balkens in deinem Auge? Oder wie darfst du sagen zu deinem Bruder: Halt, ich will dir den Splitter aus deinem Auge ziehen? Und siehe, ein Balken ist in deinem Auge. Du Heuchler, zieh zuerst den Balken aus deinem Auge; danach sieh zu, wie du den Splitter aus deines Bruders Auge ziehst.«

Am Anfang dieses Abschnitts haben wir gesagt, daß wir auf dreierlei Weise versuchen, mit unserer Schuld fertig zu werden: unterdrücken, sie auf irgendeine Weise äußern oder bekennen.

Wie kann ich aber nun die Dinge zum Ausdruck bringen, die mich schmerzen und die mir sagen, daß ich versagt habe? Warum scheinen so manche Pläne fehlzuschlagen?

Kürzlich feierten Hal und ich unseren 31. Hochzeitstag. Wir fuhren durch einen schweren Regensturm zu einem Restaurant auf der Spitze des Berges. Wegen des Sturms hätten wir fast unseren Plan, dort hinaufzufahren, aufgegeben. Aber als wir oben waren und von unserem Fensterplatz aus die Snoqualmie Fälle überschauten, riß die Wolkendecke auf, und ein Stück blauer Himmel wurde sichtbar. Nach wenigen Minuten erlebtenwir einen herrlichen Sonnenuntergang, und ein Regenbogen zeigte uns, daß das Unwetter vorbei war.

Der Sturm und die grauen Regenwolken hatten uns für kurze Zeit enttäuscht, aber die Herrlichkeit des Sonnenuntergangs mit den gold- und rotgesäumten Wolken war bei weitem schöner als ein wolkenloser Himmel. Unser gemeinsames Leben ist oft ebenso verlaufen. Wir dachten an diesem Abend an alle Träume und Pläne, die wir am Anfang unserer Ehe hatten. Fast keiner davon ging in Erfüllung. Es gab zeitweilig viele Enttäuschungen, weil unsere Hoffnungen auf *unsere* Pläne und Träume gebaut waren. Aber in jedem einzelnen Fall haben wir erlebt, daß Gott eine viel bessere Erfahrung an ihre Stelle setzte.

Die Jahre waren stürmisch, aber wir haben erkannt, daß die einzige Sicherheit, die wir haben und je haben werden, in dem Plan Gottes liegt. In seinem Plan ist alles enthalten, was wir je im Leben brauchen. Unsere Pläne werden versagen, seine dagegen nie. Wir mögen wieder ins Tal steigen und Stürme erleben müssen, aber einmal werden wir den Sonnenaufgang erleben, der uns mit ihm vereint. Viele Menschen sind mit ihren Eheproblemen, die aus nicht erfüllten Träumen resultierten, zu uns gekommen. Als sie ihre Ziele versinken sahen, gaben sie dem Partner die Schuld für das Versagen.

Die Angst vor dem Versagen als Eltern oder Ehepartner kann jemand argwöhnisch und mißtrauisch machen und wenig bereit zum Gespräch. Wie leicht rechtfertigt man solche Gefühle, indem man versucht, durch die Meinung anderer Unterstützung zu finden. Wenn wir diese Konflikte auf andere übertragen, die nichts damit zu tun haben, so geben wir die kranken Zellen unserer Gefühlswelt weiter. Immer mehr Leute werden in die Sache verwickelt und müssen sich für oder gegen den einen oder anderen entscheiden.

Wie sehr erschüttert es die Welt eines Kindes, wenn ein Elternteil den anderen für die verkehrten Dinge im Familienleben verantwortlich macht. Die Sicherheit eines Kinder ist stark bedroht, wenn es in großen oder kleinen Dingen für einen Elternteil Partei ergreifen muß. Stellt es sich auf die Seite der Mutter, fühlt es sich gegenüber dem Vater schuldig und umgekehrt. Das Kind wird zu einer geteilten Persönlichkeit, es wird innerlich zerrissen, denn es hat keine Möglichkeit, unantastbar zu bleiben. Das Gefühlsthermometer einer Familie kann sehr hoch steigen, wenn jedes Mitglied mit ganzer Energie Verletztsein und Ärger hegt und pflegt. Wenn diese aus Fehlern der Vergangenheit resultieren, ist es besonders schlimm, denn hier entsteht die Angst vor kommenden gleichen Begebenheiten.

Wäre es nicht großartig, wenn wir unseren Gefühlen Ausdruck verleihen könnten, ohne dabei in die Luft zu gehen? Wir sollten in der Lage sein, die Dinge zu klären, ehe es zur Explosion kommt. Können Sie sich vorstellen, was geschehen würde, wenn jeder seine Probleme objektiv klarlegen könnte, ohne den anderen zu beschuldigen? Wenn uns jemand beschuldigt, müssen wir uns verteidigen, und schon beginnt der Kampf. Wie anders kann es sein, wenn ein scheinbares Versagen als Herausforderung zum Lernen und Wachsen verstanden wird.

Ich erinnere mich an ein Geschehen an einem frostigen Herbstmorgen. Das Geräusch eines fahrenden Autos in unserer Einfahrt endete plötzlich mit einem nachhaltigen Krachen. Ich trat vor die Tür. Da stand Hal und machte ein etwas dummes Gesicht, als er mir foppend berichtete: »Ich habe gerade angefangen, diesen Zaun niederzureißen, was du ja schon lange wolltest. Da muß ein wenig Eis gewesen sein, und das nächste, was ich bemerkte, war ein großes Loch im Zaun. Ich bin froh, daß ich rechtzeitig an mögliches Eis auf der Straße erinnert wurde. Es hätte ein Unglück geben können, wenn ich es erst auf der Landstraße bemerkt hätte. Und vielleicht brauchte ich diesen Anstoß, um den Zaun endlich abzureißen.«

Wir mußten herzhaft lachen und waren dankbar, daß nicht mehr passiert war. Hal brauchte sich nicht vorzuwerfen, daß er ein leichtsinniger Fahrer sei, statt dessen konnte er objektiv folgende Tatsachen feststellen:

1. Der Zaun muß abgerissen werden.

2. Er brauchte diesen Anstoß, um die Sache endlich zu tun.

3. Er hatte eine positive Erfahrung gemacht, die zu seiner Sicherheit diente.

Hal reagierte nicht mit falschen Gefühlen, sondern nahm das Vorkommnis als Geschenk Gottes, der sich um die täglichen Begebenheiten unseres Lebens kümmert.

Drei Regeln einer gesunden Einstellung zu den täglichen Erfahrungen sollten wir uns merken:

1. Die Tatsachen objektiv sehen lernen, ohne sich selbst oder andere zu verurteilen oder zu kritisieren.

2. Die täglichen Ereignisse sind die Gelegenheiten Gottes, uns zu einem vollkommeneren und glücklicheren Menschen zu formen.

3. Wir sollten diese Erfahrungen dankbar annehmen, statt in angstvoller Erwartung irgendeiner Tragödie zu leben, die vielleicht nie eintreffen wird.

Den Dingen auf diese Weise ins Gesicht sehen, bedeutet Offenheit zum Gespräch, Freiheit und Frieden; anderenfalls führen sie zu Enttäuschungen und Versagen. Bei dieser positiven Einstellung entdeckt man, daß das Heute ein unabhängiger Teil der Zeit ist, es stützt sich weder auf gestern noch lehnt es sich auf morgen. Man kann aufrecht in dem Frieden der Gegenwart stehen.

Frieden durch Bekenntnis und Heilung

Die Erfahrung eines positiven und gesunden Friedens können wir durch die Befreiung von Schuld machen. Das Negative der Schuld kann in etwas Positives umgewandelt werden, wenn wir ohne Beschönigungen unsere Schuld bekennen und die Verantwortung in dem Konflikt annehmen. Warum ist es eigentlich so schwer zu sagen: »Ich habe falsch gehandelt«? Es ist unser Stolz, der eine fast unüberwindliche Schranke aufrichtet.

Vor Jahren erkannte ich, daß ich eine Art »heiligen Vorhang« um mich errichtet hatte, um der harten Realität des persönlichen Schuldbekenntnisses zu entgehen. Schließlich, so argumentierte ich vor mir selbst, hatte ich als leitende Persönlichkeit ja eine Verantwortung gegenüber jenen, die mich als Vorbild betrachteten. Wie könnte ich sie enttäuschen? Vielleicht würden sie Schaden leiden, wenn sie merkten, daß ich selbst noch so viele Fehler an mir hatte!

Aber dann erkannte ich, daß Jesus Christus das einzige Vorbild ist, das nie jemanden enttäuschen wird. Wenn ich vor denen, die mir nahestehen, nicht aufrichtig lebe, wird meine schöne Fassade sie eines Tages viel mehr enttäuschen, als Fehler es je könnten. Sie erkennen meine Inkonsequenz und Unvollkommenheit ja viel besser als ich selbst – vor allem mein Mann und meine Kinder und alle, die mich in den Streßsituationen erleben.

Ich lernte ein wunderbares Geheimnis. Als ich nicht mehr versuchte, mein Image vor meinen Lieben zu verteidigen, hörten sie auf, mich zu kritisieren. Sie waren freundlich und ermutigend und voller Bereitschaft zu vergeben. Meine Augen füllten sich mit Tränen, als ich erkannte, wieviel besser ihr Leben geworden war und was ich ihnen vorher zugemutet hatte.

Wir können uns selbst und unsere Motive aufrichtig und objektiv betrachten und auf die Bereitschaft zur Vergebung und zum Verstehen der Mitmenschen vertrauen. Wir identifizieren uns mit ihnen durch die gleichen Nöte und Schwierigkeiten. Das erreichen wir nicht, wenn wir ihnen ein Idealbild vorgaukeln.

Mit wem verbindet uns ein stärkeres Band? Mit einem Freund, dem wir unsere Probleme sagen und dem wir in den seinen helfen können, oder mit einem, der scheinbar nie irgendwelche Konflikte hat? Das gegenseitige Helfen, der Einsatz für den anderen bereichern unser Leben. Aus der Selbsthingabe wachsen wertvolle Freundschaften und gesunde familiäre Verhältnisse.

Wie heilsam ist die Forderung der Schrift aus Jakobus 5, 16: »Bekennet einer dem anderen seine Sünden und betet füreinander, daß ihr gesund werdet.«

Nun möchte ich Sie zu einem besonderen Abenteuer mitnehmen. Sie brauchen dazu ein Blatt Papier und einen Bleistift.

Stellen Sie zunächst fest, mit wem Sie die meisten Schwierigkeiten haben. Vielleicht ist es jemand, der Sie tief verletzt hat. Schreiben Sie den Namen der betreffenden Person oben auf das Blatt Papier. Dann erinnern Sie sich an alles, was Sie von dieser Person erwartet hatten. Zum Beispiel: Falls Sie den Namen Ihres Mannes aufgeschrieben haben, könnten Sie der Meinung sein, er sollte rücksichtsvoller und aufmerksamer sein, Geburtstage und Hochzeitstage nicht immer vergessen. Er sollte Sie mehr schützen, wenn andere Sie angreifen und kritisieren. Er sollte Ihnen mehr Geld zur Verfügung stellen, damit Sie nicht gar so sehr rechnen müssen. Er sollte Ihnen ab und zu sagen, daß er Sie liebt, und nicht immer so nüchtern sein. Er sollte mehr Verantwortung in der Erziehung der Kinder übernehmen. Er sollte die geistliche Führung besser wahrnehmen.

Wir könnten hier fortfahren und Hunderte von idealen Eigenschaften nennen für jeden Menschen, mit dem wir zusammenkommen: Arbeitgeber, Lehrer, Pastoren, Eltern, Freunde, Verwandte und Kinder.

Wenn wir lange genug mit ihnen Kontakt haben, werden wir irgendwann einmal von ihnen enttäuscht sein. Was wir mit diesen Enttäuschungen machen, ist von größter Wichtigkeit. Und das bringt uns zu dem zweiten Schritt unserer Exkursion.

Schreiben Sie nun alle Fehler im Leben dieser Person auf. Schreiben Sie so, wie Sie es von Ihrem Standpunkt aus sehen, wie Sie enttäuscht wurden, wie Sie Ihrer Illusionen beraubt wurden.

Peng! Da bleibt ja fast nichts Gutes mehr dran! Haben Sie auch nichts übersehen? Bedenken Sie, Sie halten Generalreinigung. Lassen Sie nur ja kein Gerümpel in einem Hinterstübchen Ihres Denkens zurück! Es ist wichtig, daß Sie gründlich aufräumen, es darf kein klappriges Skelett in einer Ecke liegenbleiben.

Erinnern Sie sich an die drei Regeln für eine gesunde Lebenseinstellung? Fangen Sie jetzt an, sie anzuwenden.

1. Betrachten Sie die Tatsachen objektiv, ohne sich selbst oder andere zu verurteilen.

Zweifellos sind unsere Mitmenschen nicht so, wie sie sein könnten oder sollten, aber warum nutzen wir nicht das bestmögliche Verhältnis zu ihnen zum Positiven? Glauben Sie, die anderen dächten von Ihnen, Sie seien der freundlichste und gütigste Mensch, den sie sich nur wünschen können? Die einfache Tatsache ist doch die, daß jede Seite sich von der anderen Vorstellungen macht, die bisher nicht erfüllt wurden. Sie selbst verändern sich, und so tun es die anderen. Wollen Sie deshalb nicht Gott bitten, daß er Ihnen hilft, den betreffenden Menschen so zu sehen, wie Gott ihn sieht?

2. Erkennen Sie den Plan Gottes auf lange Sicht, der in Ihrem Leben Früchte des Geistes wirken möchte: Bereitschaft zum Vergeben, Freundlichkeit, Geduld, aufmunterndes Wesen.

Sie werden zu einem liebenswürdigen Menschen, zur Freude für alle, die Sie kennen, zu einem Menschen, wie Gott ihn haben will. Gott kann seine Wesensart immer mehr in Ihnen zum Ausdruck bringen. Wenn Ihre Fähigkeit zu vergeben unterentwickelt ist, dann kann er für Sie eine Gelegenheit schaffen, Vergebung zu üben und zu zeigen. Jemand wird unfreundlich und verletzend zu Ihnen sein, damit Sie die Freude erleben können, frei von Haß und Groll zu werden. Indem Sie wahre Vergebung praktizieren, werden Sie selbst geheilt und glücklich. Christus hat nicht umsonst gesagt, daß die Friedensbringer glücklich sein werden.

Schreiben Sie Ihr Verletztsein, Empfindlichkeit, Verdruß, Enttäuschung und andere ähnliche Gefühle, die Sie haben mögen, nieder.

Es ist sehr wichtig zu erkennen, daß Verletztsein eine Reaktion unserer eigenen Gefühle gegenüber unseren Mitmenschen ist. Wir fühlen uns ungeliebt, unerwünscht und mißverstanden, und wir reagieren gegen die Person, die nach unserer Meinung dafür verantwortlich ist.

Gefühle resultieren aus der Einstellung und dem Tun unserer eigenen Persönlichkeit. Vielleicht stellen Sie fest, daß die Charakterzüge, die Gott in Ihrem Leben entwickeln möchte, ganz im Gegensatz zu Ihrem Fühlen und Handeln stehen. Die aufgestellte Liste kann Ihnen helfen, sich selbst besser zu erkennen und mit Gott in der Entwicklung Ihres Charakters zusammenzuarbeiten. Möchten Sie nicht alle Gefühle loswerden, die diesen Prozeß verlangsamen? Sie können! Nachdem Sie diesen Teil zu Ende gelesen haben, schließen Sie die Augen und stellen Sie sich vor, daß Christus anwesend ist, um Ihnen zu helfen. Verzagen Sie nicht. Gott hat schon im Alten Testament verheißen, daß »die Gebundenen frei sein sollen und daß den Trauernden Schmuck statt Asche, Freudenöl statt Trauerkleider, Lobgesang statt eines betrübten Geistes werden soll« (Jes. 61, 1. 3).

3. Die täglichen Begebenheiten sollten wir dankbar annehmen und daraus lernen, mit unseren Mitmenschen neue, bessere Verbindungen anzuknüpfen.

Diesen dritten Vorschlag zu einer besseren Lebenseinstellung wollen wir noch einmal kurz betrachten.

Ist es nicht erstaunlich, daß es uns so schwerfällt, den ersten Schritt zu tun, um zerbrochene oder gestörte Beziehungen wiederherzustellen? Und je länger wir damit warten, um so schwerer wird dieser Schritt. Die Dankbarkeit und Freude, die unsere Herzen erfüllt, wenn wir die Vergebung durch Christus erfahren haben, muß aber auch in den gegenseitigen menschlichen Beziehungen erlebt werden. Unsere Vergebung muß den Menschen zuteil werden, die uns Schwierigkeiten bereiten, und umgekehrt wird es Menschen geben, die wir um Vergebung bitten müssen.

Bitten Sie Gott, daß er Ihnen zeigen möchte, welche Menschen das sind. Bitten Sie ihn, daß er die Gedanken und die Einstellung dieser Menschen lenken möge, um sie vorzubereiten auf Ihren Besuch. Machen Sie nicht große und umständliche Worte bei Ihrem Besuch, sondern bitten Sie einfach und schlicht um Vergebung. Vor allem, deuten Sie keinerlei Schuld Ihres Gegenübers an.

Sie mögen denken: »Aber es war doch seine Schuld, nicht die meine!« Nur der Geist Gottes kann das dem anderen offenbaren; Ihre Aufgabe ist das nicht. Tun Sie das, was Gott Ihnen befohlen hat: Bitten Sie um Vergebung. Erklärungen sind nur der Versuch, unsere Fehler zu entschuldigen. Aber wir brauchen keine Entschuldigungen mehr, Gott hat unsere Sünden hinweggetan! Erklärungen sind nur ein Teil unseres Stolzes, der nicht sterben will, der uns aber um Frieden und Freiheit betrügt. Freiheit von uns selbst und damit von unserem Stolz ist nur möglich, wenn wir Christus erlauben, unser Ich unter seine Füße zu treten. Dann sehen die anderen seine Gerechtigkeit und seine Liebe in uns. Das Verlangen, unsere verwundete Ehre zu verteidigen, kann uns dann nicht mehr bestimmen.

Die erfolgreichste Bitte um Vergebung besteht in den einfachen Worten: Es tut mir leid. Bitte vergib mir. Wenn wir anfangen zu spezifizieren und in Einzelheiten zu gehen, laufen wir nur Gefahr, neue Fragen aufzuwerfen und den anderen mitzubeschuldigen. Bitten Sie um Vergebung und warten Sie auf die Antwort. Mit der Zusage seiner Vergebung investiert der andere etwas in Ihr Leben. Er hat die Vergebung ausgesprochen, seine Ohren haben es gehört. Das wird ihn in der Zukunft daran erinnern, die alten Dinge nicht wieder auszugraben. Seine Zusage ist das Fundament einer neuen, erfreulichen Verbindung. Aber vor allem bildet sie das Gerüst zum Aufbau Ihrer inneren Freiheit und Ihres Friedens, denn Sie wissen, daß nichts mehr da ist, das Satan Ihnen entgegenhalten könnte. »So gibt es nun keine Verdammnis für die, die in Christus Jesus sind« (Röm. 8, 1). Danken Sie Gott für die wunderbare Möglichkeit, die er uns gegeben hat, zu vergeben und Vergebung zu empfangen.

Verantwortung plus Befreiung ist Wiederherstellung. Die Verantwortung, unsere Sünde zu erkennen, und die Befreiung der Vergebung durch Christus und durch Menschen bewirken die Wiederherstellung unseres Selbst, denn wir leben im Frieden mit uns selbst, mit Gott und den Menschen.

»Der Friede Christi regiere in euren Herzen, zu welchem ihr auch berufen seid in einem Leibe; und seid dankbar« (Kol. 3, 15).

Welche Freude, den zum Freund zu haben,
der wirklich weiß, wer ich bin, was ich fühle,
was ich schließlich erreichen werde und wohin
ich nach diesem Leben gehen werde!

5. Gehen Sie Ihren Weg mit Zuversicht!

Haben Sie schon jemals über das Phänomen nachgedacht, das wir Erinnerung nennen? Unser Verstand ist ein gewaltiges Datenverarbeitungszentrum, das während unseres ganzen Lebens Informationen, Erfahrungen und Gefühlseindrücke aufnimmt und wiedergibt. Es gibt wissenschaftliche Beweise dafür, daß selbst ein eben geborenes Baby Geschehnisse aufnimmt und behält. Welch ungeheure Bedeutung hat diese Tatsache für unsere Zukunft. Da sind glückliche und köstliche Erinnerungen gespeichert, um uns aufzumuntern, wenn wir einsam sind. Wenn Schnee den Garten bedeckt und die Winterwolken tief hängen, können wir uns an die Schönheit der Blumen und an den warmen Sonnenschein erinnern. Wenn unsere Kinder längst erwachsen sind und ihr eigenes Leben führen, kann uns die Erinnerung an die köstliche Gemeinschaft mit ihnen erfreuen.

Die logische Ordnung des Erinnerungsvermögens ist wunderbar. Wäre es nicht entsetzlich, wenn alle Erinnerungen zur gleichen Zeit auf uns einstürmen würden? Statt dessen wird die Fähigkeit zur Erinnerung durch eine ähnliche oder gleiche Situation ausgelöst, die uns dann an die Erfahrungen der Vergangenheit erinnert.

Wird diese wunderbare Fähigkeit mißbraucht, so ist sie eine der zerstörendsten Kräfte der Welt. Denn dieselbe Einrichtung, die die Erinnerung an Schönheit, Liebe und Glück speichert, bewahrt auch die Eindrücke von Haß, Ungerechtigkeit, Leiden (obwohl wir das Gefühl von Schmerz nicht wieder erwecken können), Angst und allen menschlichen Nöten auf. Wir können uns dazu erziehen, diese Fähigkeit, diese Macht, die wir haben, richtig zu gebrauchen.

Von Natur aus sind alle Menschen selbstsüchtig und selbstherrlich. Wir hängen an Dingen, an Häusern, Autos, schönen Kleidern, Zugehörigkeit zu Organisationen, einflußreichen Bekannten, um uns selbst zu beweisen, daß wir sicher leben. Wir hoffen, daß uns die anderen akzeptieren, wenn wir diese Dinge haben. Aber in Wirklichkeit möchten wir als Person geschätzt werden.

Wir behalten den Eindruck in Erinnerung, den wir nach unserer Meinung auf andere gemacht haben, ob er schlecht oder gut war. Ein Freund sagt mir vielleicht, ich sei großzügig, und ich reagiere darauf mit einer netten Entgegnung oder Gefälligkeit. Ein anderer mag bewirken, daß ich mir minderwertig oder ungeschickt vorkomme, und ich werde mich in seiner Gegenwart höchst ungeschickt benehmen.

Vor einigen Jahren verbrachte ich jeden Dienstag damit, über Kartons zu stolpern, Bücherstapel hinzuwerfen und an Regale zu rempeln. Warum? Das war der Tag, an dem ich meine gewohnte Tätigkeit verließ, um in einer mir fremden Welt, nämlich in einer Buchhandlung, zu arbeiten. Christie, eine liebenswürdige, dynamische Frau mit einer unerschöpflichen Kenntnis von Autoren und Titeln, war die Besitzerin des Ladens. Allein ihre Nähe bewirkte in mir die ständige Reaktion von Ungeschicklichkeit, ich benahm mich, als hätte ich zehn Daumen und sechs Füße.

Die Fertigkeit anderer Menschen gegen unsere eigene Unvollkommenheit gemessen, kann jede normale Verrichtung, selbst zukünftige Verhältnisse und Tätigkeiten lähmen. Die Erinnerung an das Bild, das andere (nach meiner Meinung) von mir haben, wird zum Brennpunkt meiner Aufmerksamkeit und beeinflußt mein Tun.

Je mehr Sicherheit ein Mensch in der Liebe und Achtung seiner Familie und Freunde genießt, um so unwichtiger werden solche Eindrücke. Es war ein ganz besonderer Tag, als Christie mir von ihren persönlichen Nöten und Schwierigkeiten erzählte. Wir beteten zusammen, und ich erkannte, daß sie nicht das unantastbare Vorbild mit unerschöpflichem Wissen war, das ich in ihr gesehen hatte, sondern eine liebende Frau und sorgende Mutter wie ich selbst. Ich brauchte nicht zu wetteifern, um meine Vollkommenheit zu beweisen. Ich erkannte, daß ich nicht wegen meiner Tätigkeit, sondern als Person geschätzt wurde. Ich war frei, um ich selbst zu sein, denn ungeachtet meiner Unvollkommenheiten wurde ich geliebt und geachtet. Der Imagefaktor bewirkt, daß wir uns verschiedenen Menschen gegenüber verschieden verhalten. Eine kritische Person ruft bei den anderen Verkrampfung und Verteidigung hervor. Eine warmherzige, glückliche Person bewirkt eine entspannte Atmosphäre ohne Druck. Da ist keine Gefahr, angegriffen zu werden.

Reaktionen werden durch die Erinnerung vergangener Erfahrungen gespeist. Mit fünf Jahren aß ich einmal zuviel von einer köstlichen Süßspeise mit Kokosnußcrem und wurde krank. Noch heute meide ich nach Möglichkeit diese Süßspeise. Die Erfahrung vor vierzig Jahren hat meine Reaktion von heute programmiert. Wir besitzen ein eingebautes Verteidigungssystem, das, auf Erfahrungen basierend, uns durch die Erinnerung vor künftigem Schaden zu schützen versucht. Wir sagen manchmal zu jemand, der uns verletzt hat: »Ich vergebe dir« und setzen innerlich hinzu: »aber vergessen kann ich es nicht.«

Heute versucht man, unsere Vergehen mit den Erfahrungen der Kindheit oder den Fehlern der Eltern zu entschuldigen. Tatsächlich aber ist jeder selbst dafür verantwortlich, wie er reagiert. Ich habe einen Freund, der ein sehr guter, christlicher Berater und Erzieher ist. Sein Vater war Alkoholiker, sein Bruder ebenfalls. Die zwei Söhne wuchsen unter demselben Einfluß auf. Einer programmierte seinen Verstand mit den Fehlern seines Vaters und verurteilte ihn. Die Fehler seines Vaters wurden zum Brennpunkt seines Lebens, und er wurde genau wie er. Der andere Sohn sagte sich: Mein Vater hat große Schwierigkeiten. Ich will mit Gottes Hilfe das bestmögliche Leben aufbauen, damit ich ihm helfen kann.

Die Erinnerung wurde im Leben des einen zum zerstörenden Faktor und im Leben des anderen die Motivation zu positivem Tun. Der eine übte Vergebung, der andere hegte Haß und Selbstmitleid. Jeder war verantwortlich für seine Reaktion und seine Einstellung zur Lage. Flucht vor den Tatsachen und Beschuldigungen produzierten das, was am meisten verachtet war, während Verantwortung und Ehrlichkeit die Grundlage eines Lebens der Hilfe für andere wurden.

In den Sprüchen wird uns in Kapitel 23, Vers 7 gesagt, daß ein Mensch so ist, wie er in seinem Herzen denkt. Unsere Gedankenmuster sind in unserem Erinnerungsvermögen aufgezeichnet, und Kontakte und Erfahrungen lösen den Mechanismus unseres Gehirns aus, der diese Eindrücke wieder vor uns ablaufen läßt. Jedesmal wenn wir einen Gedanken zurückspielen, wird der Eindruck gravierender. Schließlich ist die Rille so tief geworden, daß wir keinen neuen Ton mehr spielen können.

Gott hat uns einen wunderbaren Plan zur Übung unserer Gedanken gegeben. In Philipper 4, 6–9 lesen wir: »Sorget nichts, sondern in allen Dingen lasset eure Bitten im Gebet und Flehen mit Danksagung vor Gott kund werden! Und der Friede Gottes, welcher höher ist als alle Vernunft, bewahre eure Herzen und Sinne in Christus Jesus!

Weiter, liebe Brüder: was wahrhaftig ist, was ehrbar, was gerecht, was rein, was lieblich, was wohllautet, ist etwa eine Tugend, ist etwa ein Lob, dem denket nach! Was ihr auch gelernt und empfangen und gehört und gesehen habt an mir, das tut; so wird der Gott des Friedens mit euch sein.« Wir werden aufgefordert, an bestimmte Dinge zu denken, unsere Aufmerksamkeit darauf zu richten, ohne uns abschweifende Gedanken zu erlauben. Betrachten wir die einzelnen Gedanken dieses Plans einmal näher.

Wir sollen äußerste Anstrengungen machen, an das zu denken, was wahr, rein, lieblich und lobenswert ist, statt kritisch analysieren zu wollen, was bei den anderen verkehrt ist. Diese positiven Charakterzüge, die wir in Philipper 4 aufgezeichnet finden, sind Wesenszüge Gottes. Indem wir darüber nachdenken, wirkt der Geist Gottes an uns, um uns zu einer Persönlichkeit »im Bilde Gottes« zu formen. Denken Sie daran: Was ein Mensch in seinem Herzen denkt, so ist er. Über Gottes Wesen sollen wir nachdenken, damit er in uns die Ähnlichkeit mit der Familie Gottes schaffen kann. Wir werden dann Christus ähnlich sehen, trotz all unserer Unvollkommenheiten, und die Menschen können in unserem Leben sehen, daß Gott heute in dieser Welt lebt. Je mehr wir unseren Blick auf dieses Vorbild richten, um so deutlicher wird sein Bild in uns sichtbar.

Zuversicht durch positives Denken

Es ist die natürliche Reaktion vieler Menschen, von sich selbst und anderen negativ zu denken und aus jeder Erfahrung schreckliche Resultate zu erwarten. Wenn Sie zu den Millionen gehören, die sich darauf spezialisiert haben, negative Dinge auf das Band ihres Erinnerungsvermögens aufzunehmen, dann lassen Sie sich sagen, daß Sie das alte Band überspielen und neue Eindrücke aufnehmen können. Ich kann meine Gedankengänge nicht ändern, indem ich sie verdamme, weil sie falsch sind. Dann würde ich nur neue negative Blickpunkte setzen. Wenn ich dagegen auf das alte Band neue Dinge aufnehmeq lösche ich die alten Eindrücke.

Der Mensch hat ein Gewissen, ein Erkennen von Schuld, das Vergebung und Reinigung fordert. Es ist diese Fähigkeit, die uns bewegt, Haltung und Taten zu korrigieren. Wenn wir die Schuld leugnen oder ignorieren, werden wir krank, denn wir verwerfen absichtlich oder unabsichtlich den Sinn dieser Einrichtung. Aber oft kommt die Erinnerung an die Schuld zurück. Wie wunderbar ist da das Angebot Gottes. Sobald ich meine Schuld erkenne, kann ich sie getrost Gott überlassen. Dann können wir von der Möglichkeit Gebrauch machen, die Gedanken Gottes zu denken, um ein neues System in uns aufzubauen.

Wenn das gelingen soll, müssen wir sorgfältig vorgehen. Wir wissen ja nun, daß die Gedanken, die wir heute denken, unsere Taten von morgen beeinflussen. Den Schmutz unguter Erfahrungen müssen wir gründlich beseitigen. Wenn wir den Morast von Selbstmitleid anwachsen lassen, gedeihen Haß und Bitterkeit, die dann verheerende Auswirkungen zeitigen werden. Eine andere Gefahr ist das Gestrüpp kritischer Untersuchungen. Die Fähigkeit, die Fehler der andern zu erkennen, sollte uns auch sehen lassen, daß ihr Fehlverhalten einfach der Ruf um Hilfe ist. Es ist der sichtbare Ausdruck unsichtbarer Nöte. Wenn wir den Blick haben, die Nöte der anderen zu erkennen, so ist es unsere Verantwortung, für sie zu beten, anderenfalls werden wir zu Richtern der Menschen, die Gott liebt und für die Christus gestorben ist. Wenn Gott sie nicht verdammt, wie können wir uns unterstehen, es zu tun?

Debbie stellte fest, daß die Herausforderung, ein Friedensstifter zu werden, mit der Notwendigkeit geistiger Reife verbunden ist. Als junge Frau eines Pastors lernte sie bald die Schwierigkeit kennen, Zeit für ein Alleinsein der Eheleute zu finden. Cheri war der beharrlichste Angreifer auf diese kostbaren Minuten. Sooft Jims Wagen in die Einfahrt bog, konnte man sicher sein, daß Cheri gleich hinterherkommen würde. Zum Frühstück in »heißen Höschen«, zum Mittagessen im Minirock und zum Abendessen mit Dekolleté erschien sie mit ihrem neuesten Sortiment von Problemen und suchte sofortigen pastoralen Rat. In ihrer Verzweiflung stellte Debbie schließlich den Wecker am Morgen noch zehn Minuten früher, um für eine Lösung des Problems zu beten. Zunächst bat sie Gott, die ständigen Besuche und Unterbrechungen ihrer Tätigkeiten zu unterbinden. Aber bald begann sie um Verständnis der Nöte zu beten, die dieses ständige Verlangen nach Beachtung hervorriefen.

Eines Tages erfuhr sie, daß Cheris Vater ein reisender Evangelist gewesen war, der wenig Zeit für das Plappern seines Kindes gehabt hatte. Verstehen war der Anfang zur Heilung. Debbie und ihr Mann arbeiteten zusammen. In seelsorgerlichem Dienst entwikkelte sich eine Freundschaft zwischen den beiden Frauen. Sie begannen einen Bibelkursus für Kinder, deren Eltern arbeiteten oder aus anderen Gründen nicht zu Hause waren. Cheri wurde nicht sofort von ihrem Verlangen nach einer geistlichen Autorität frei. Aber durch die Arbeit an Kindern, die ähnliche Probleme hatten, lernte sie ihr eigenes Fehlverhalten erkennen und fing an, als verantwortlicher Mensch gegen ihre Probleme anzugehen.

Das Leben im Pfarrhaus bietet sich Debbie nicht plötzlich rosig verbrämt. Es wird eine ständige Folge von Problemen geben. Aber durch die Erfahrung mit Cheri ist ein anfängliches Hindernis zu einem starken Band zwischen ihr und ihrem Mann geworden. Sie selbst ist liebenswerter und ihr Dienst reicher geworden, weil Ablehnung und Kritik von Zuversicht und Verständnis abgelöst wurden.

Es ist vollkommen unmöglich, in Wahrheit glücklich zu sein und gleichzeitig andere zu kritisieren und zu verurteilen. Ist es nicht wunderbar, daß Jesus in der größten Not am Kreuz die Menschen nicht verdammte? Er sagte: »Vergib ihnen, denn sie wissen nicht, was sie tun« (Luk. 23, 34). Er hat uns die Vergebung geschenkt. Wir müssen sie weitergeben an die, die unsere Vergebung brauchen. Hier ist ein Schatz, der nicht abnimmt, sondern durch jeden Gebrauch größer wird. Je mehr wir abgeben, um so mehr können wir empfangen, denn unser Fassungsvermögen hat sich vergrößert.

Nachdem der Schmutz und das Gestrüpp hinweggefegt wurden, können Sie neue Gedanken- und Verhaltensmuster für ein gesundes und glückliches Leben aufbauen. Das Geheimnis zum richtigen Programmieren unseres Verstandes und Erinnerungsvermögens besteht in drei Schritten der Verständigung. Sie heißen: Bitte, Dank und Lobpreis.

Viele Male lädt Gott uns ein, ermutigt und befiehlt er uns, ihn zu bitten um das, was wir brauchen. Warum tun wir es nicht? Weil wir nur eine vage Vorstellung von der Antwort Gottes haben, aber keine wirkliche Erwartung von sichtbarem Geschehen? Haben wir die Wahrheiten der Bibel so vergeistlicht, daß wir die konkrete Wirklichkeit der Macht Gottes in unserem Leben nicht sehen? Fürchten wir uns, enttäuscht zu werden, weil unsere Vorstellungen von Gott unwirklich sind? Denken wir an ihn als jemand, der weit entfernt ist und der sich nur der wirklich wichtigen Dinge annimmt?

Die Wahrheit sieht anders aus. In dem Augenblick, in dem Sie Christus als Ihren Retter angenommen haben und wiedergeboren wurden, hat der Geist Gottes in Ihnen Wohnung genommen. Ganz bestimmt nimmt Gott sich aller Dinge an. Bitten Sie ihn um alles, was gut und richtig ist, aber überlassen Sie ihm die Entscheidung über den Zeitpunkt und die Art und Weise der Erfüllung. Alles, was er Ihnen gibt und vorenthält, dient zu Ihrem Besten, denn er liebt Sie ja.

Zweitens ist uns aufgetragen, daß wir »Gott allezeit und für alles danken sollen« (Eph. 5, 20). Ob er gibt oder vorenthält, ich soll ihm danken für seine Liebe und Weisheit, für seine Entscheidungen. Nur er weiß, was morgen geschehen wird und nächsten Monat – und nächstes Jahr. Was von meinem begrenzten Blickwinkel aus das Richtige zu sein scheint, muß sich mit seiner Kenntnis des Endresultats nicht decken.

Vielleicht denken Sie: »Ich fühle aber durchaus keine Dankbarkeit für meine gegenwärtige Lage.« Das macht nichts. Gott hat nicht gesagt, daß wir Dankbarkeit »fühlen« sollen. Das Danksagen stützt sich nicht auf unser Gefühl, sondern auf sein Gebot. Es ist uns einfach befohlen. Wenn Sie einen ernsten Herzanfall hatten und der Arzt Ihnen eine Diät verschreibt, fühlen Sie sich dann als Heuchler, wenn Sie die Vorschrift einhalten, ohne sich entsprechend zu »fühlen«? Unsinn wäre das! Sie möchten gesund werden, und deshalb folgen sie den Anweisungen des Experten. Gefühle sind flüchtig und ändern sich wie die Farbe des Himmels. Wenn Ihre Gesundheit zurückkehrt, »fühlen« Sie anders.

Ihre Gefühle sollen nicht Sie beherrschen, sondern Sie sollen Ihre Gefühle regieren. Das ist auf geistlichem Gebiet noch viel wichtiger als auf körperlichem. Der große Arzt hat unsere Herzprobleme richtig diagnostiziert. Er hat uns die Diät des Danksagens verschrieben. Das wird unseren Blick von dem Problem weg auf Gott richten, der über unseren Problemen steht. Die Gefühle ändern sich, denn sie sind das Ergebnis unserer Einstellung und Taten. Wir aber sehnen uns nach Frieden und Freude. Beide können nur in einem gläubigen, sprich gehorsamen Herzen gedeihen.

Der dritte Schritt ist der Anfang eines wunderbaren Abenteuers. Gott hat uns befohlen, ihn zu loben und zu preisen. Es wird uns hunderte Male in der Bibel gesagt. Wenn unser liebender Vater so großen Wert darauf legt, muß es wohl eine große Bedeutung in unserem Leben haben. Wir danken Gott für das, was er *tut*, aber wir preisen und loben ihn für das, was er *ist*. Wenn wir ihn preisen, entdecken wir, was oder wie er wirklich ist. Er hat uns gesagt, daß wir gemacht sind »zum Preis seiner Herrlichkeit«!

Lobpreis – ein Weg zu Vertrauen und Zuversicht

Es gibt kein dauerhaftes Glück, ehe wir anfangen, den von Gott gegebenen Sinn unseres Lebens zu erfüllen. Es ist völlig unmöglich, sich Sorgen zu machen, sich zu ängstigen oder niedergedrückt zu sein, wenn wir das Wesen Gottes anschauen und seine Herrlichkeit preisen. Ein Kind, das sich um das Brot für die nächste Mahlzeit sorgt, zeigt kein Vertrauen in die elterliche Liebe oder Fähigkeit. Gott zu preisen heißt, unsere Unvollkommenheiten, Ängste und Sorgen von der Größe Gottes verschlungen zu sehen.

Auf dem neuen Weg des Lobens und Dankens taucht vielleicht eine Begebenheit aus Ihrem Unterbewußtsein auf, bei der Sie versucht sind, unliebsame Erinnerungen wieder zu beleben. Das kann eine wichtige Wegmarkierung für Sie werden, an der Sie sich nach neuem Wachstum ausstrecken sollten. An diesem Punkt sollten Sie sich daran erinnern, daß Sie dieses Gebiet Ihres Lebens Gott gegeben haben – es gehört nicht mehr Ihnen. Es ist Zeit, Ihren Umgang mit Gott zu erweitern, ihn um Heilung für Ihre Gefühle und Ihren Geist zu bitten. Wenn Sie noch zu Ablehnung und Kritik neigen, dann lassen Sie sich daran erinnern, daß Sie für die betreffenden Menschen beten und ihnen Liebe erweisen sollen. Erkenntnis bringt Verantwortung. Könnte es nicht Ihr spezieller Dienst der Liebe für Gott sein – Ihr Missionsfeld –, täglich für die Nöte jedes einzelnen in Ihrer Familie und Ihrem Bekanntenkreis zu beten? Wenn Sie keine sofortige Änderung sehen, wird Gott Sie doch belohnen, denn Sie dienen ihm. Sie werden entdecken, daß dabei die Mauern zwischen Ihnen und Ihren Nächsten zerbröckeln und Ablehnung und Groll verschwinden.

Programmieren Sie Ihre Gedanken mit kostbaren Versen aus Gottes Wort. Nutzen Sie Tag und Nacht die Zeit aus, diese wertvollen Minuten, wenn Sie auf den Bus warten, an einem Stopplicht stehen oder während sie all die täglichen mechanischen Dinge tun, die Ihre Aufmerksamkeit kaum beanspruchen, um diesen Schatz in Ihrem Bewußtsein zu speichern. Das Investieren Ihrer Zeit und Ihres Interesses in dieser Richtung lohnt sich, es wird sich in künftigen Krisen bezahlt machen.

Drei Dinge möchte Satan unter allen Umständen von Ihrem Leben fernhalten:

1. Er will nicht, daß Ihr Leben ein Lobpreis Gottes ist, denn das macht Sie schön. Es glättet die Sorgenfalten und verleiht Ihnen Frische und Heiterkeit. Es sichert Ihnen alles Glück, das Gott für Sie bereitet hat.

2. Er will nicht, daß Sie durch Gebet in ständigem Kontakt mit Gottes Kontrollzentrum stehen, denn das macht Sie ruhig und verleiht

Ihnen Kraft. Sie werden unantastbar für Satans Macht durch Christus.

3. Er will nicht, daß Sie mit dem Wort Gottes, dem Schwert des Geistes, gerüstet sind, denn das bedeutet letzten Endes seine völlige Niederlage.

Der Kampf wird zwischen Gott und Satan ausgetragen. Wir sind für das eine oder andere Team von Bedeutung durch den Standpunkt, den wir den Menschen und Umständen gegenüber einnehmen. Es ist wunderbar, daß Christus uns für alle Ewigkeit von Satan und der Sünde befreit hat, aber er hat uns auch für diese Zeit von dem zerstörenden Konflikt der Sünde frei gemacht. Die Wurzeln dieses Konflikts sind Zweifel und Stolz, die wiederum Sorge, Schuld und Angst hervorrufen. Der Glaube an die Liebe und Fürsorge Gottes dagegen bringt Ruhe und Frieden.

Was ist Glaube? Vernehmen Sie die Worte aus Hebräer 11, Verse 1–3: »Es ist aber der Glaube eine gewisse Zuversicht des, das man hofft, und ein Nichtzweifeln an dem, das man nicht sieht. In solchem Glauben haben die Alten Zeugnis empfangen. Durch den Glauben erkennen wir, daß die Welt durch Gottes Wort gemacht ist, so daß alles, was man sieht, aus nichts geworden ist. (Das Sichtbare ist aus dem Unsichtbaren entstanden [Die Gute Nachricht].)«

Glauben heißt unsere Begrenzungen beiseite setzen und sich völlig auf die unbegrenzten Fähigkeiten und Möglichkeiten Gottes zu stützen; sich auf seine Liebe, Treue, Weisheit und Allmacht zu verlassen statt auf Menschen und Umstände, die fortwährend im Wandel begriffen sind. Dieser Glaube ist die einzige Grundlage meiner Zuversicht und meines Selbstvertrauens. Er ist das Wissen, daß ich sicher durch die Wechselfälle des Lebens gehen kann.

Gott hat einen Grund für meine Existenz, deshalb kann ich großes Selbstvertrauen haben. Es steht nicht auf einer Person allein, es ruht auf dem Grundsatz: Gott und ich zusammen. Nichts kann auf mich zukommen, was ich im Verein mit Gott nicht bewältigen könnte! Welch ungeheure Antriebskraft wird mir gegeben, wenn ich mich und andere vom Standpunkt Gottes aus betrachte.

Jeder kostbare Augenblick dieses Tages, jede Stunde Ihres Lebens ist ein Geschenk Gottes. Keiner dieser Augenblicke kehrt je wieder. Sie gehören Ihnen, um sie in Ihre Zukunft zu investieren, indem Sie Ihre Sinne und Ihren Verstand Christus geben.

In Philipper 2, 3–5 lesen wir folgende Aufforderung: »Tut nichts aus Zank oder um eitler Ehre willen, sondern in Demut achte einer den anderen höher als sich selbst; und ein jeder sehe nicht auf das Seine, sondern auch auf das, was des anderen ist. Ein jeglicher sei gesinnt, wie Jesus Christus auch war!«

Die Gesinnung Christi soll Ihr Vorbild und Ihr Ziel sein. Zuversicht und Selbstvertrauen können zur Norm Ihres täglichen Lebens werden, wenn Sie Ihre Gedanken und Ihr Erinnerungsvermögen unter die Kontrolle und Disziplin Gottes stellen. »Ich vergesse, was dahinten ist und strecke mich nach dem, das da vorne ist« (Phil. 3, 13).

»Ich bin ganz sicher: Gott wird das, was er bei euch angefangen hat, auch vollenden, bis Jesus Christus kommt« (Phil. 1, 6 – Die Gute Nachricht).

Die Liebe Gottes wird am deutlichsten im täglichen Leben sichtbar.

6. Das Abenteuer der Liebe

Meine Welt schien zusammenzufallen. Nie hatte ich mich so verlassen und einsam gefühlt. Warum sollte ich die lieben, die mich ständig verletzten?

»Natürlich liebe ich Gott, aber...«

»June, bei Gott gibt es keine Aber«, kam Dr. Bobs freundliche Antwort, und er erklärte mir, daß jeder Mensch bedingungslose Liebe braucht.

Wie oft hatte ich schon gesagt: »Ich liebe meinen Mann, meine Kinder, meine Freunde, aber...« Liebe ist kein Austausch von Gefälligkeiten: Gibst du mir, geb ich dir. Bist du freundlich zu mir, dann werde ich dich lieben.

Was *ist* Liebe? Bestimmt mehr als eine Stimmung, die von der Chemie unseres Körpers beeinflußt wird, auch mehr als Achtung und Bewunderung einiger Charaktereigenschaften, Fähigkeiten oder Errungenschaften. Gott gebietet uns nicht, unseren Nächsten sympathisch zu finden, sondern ihn zu lieben. Ich brauche niemand sympathisch zu finden, der mich reizt, der anderer Meinung ist und der ganz und gar unangenehm ist. Sympathie hat etwas damit zu tun, wie ein Mensch die Persönlichkeit des anderen empfindet. Sympathie hat ihren Ursprung in der Seele. Liebe dagegen kommt aus dem Geist, und deshalb kann ich auch eine unliebsame Person lieben. Wenn sich mein Geist mit dem Geist Gottes verbindet, kann ich den anderen von der Sicht Gottes aus betrachten. Ich kann ihn wertschätzen, weil Gott ihn geschaffen und seinen Sohn für ihn gegeben hat. Auf diese Weise kann ich Haltung und Tun des anderen mir gegenüber objektiv statt subjektiv beurteilen. Dann sehe ich, daß seine unliebsamen Eigenschaften nur der Ausdruck seiner inneren Not ist. Es ist der unsichere Mensch, der die anderen kritisiert, denn er kann nicht riskieren, seine Meinung und seine Pläne durch das Anderssein des Gegenübers in Frage gestellt zu sehen.

Der egoistischste, anspruchvollste, beleidigendste Mensch in Ihrer Umgebung braucht wahrscheinlich die meiste Liebe. Vielleicht sind Sie der Mensch, der ihm die Wirklichkeit der Liebe Gottes zeigen soll. Liebe ist nicht Übereinstimmung mit den Taten und Reden des anderen und noch viel weniger Zustimmung, sondern besteht in der Wertschätzung des Menschen, den Gott geschaffen hat und dessen Leben er Sinn und Ziel setzt. Und möglicherweise kennt der andere Gott und seine Liebe noch nicht.

Roberta ist die Mutter von zwei Töchtern, die in ihrer ganzen Persönlichkeit völlige Gegensätze darstellen. Carol war immer ein liebenswürdiges, freundliches Mädchen, während Mavis eine stürmische Gesinnung zeigte, die von Launenhaftigkeit in der Kindheit zu den Traumata der Jugend fortschritt. Streit, Schmähungen, Rebellion, Alkohol und Drogen hinterließen ihre Spuren. Aber dieselbe tägliche Liebe, die in Gebeten, Geschenken und Kartengrüßen ihren Ausdruck fand, folgte beiden Töchtern – der einen in eine Bibelschule, der anderen in eine Kommune.

Während dieser Jahre des Kummers und der Enttäuschungen betete Roberta: »Lieber Vater, ich kann meine Tränen nicht mit den deinen messen. Der Schmerz, den ich um mein Kind empfinde, ist so klein im Vergleich mit dem, was du um deinen Sohn gelitten hast. Ich kann die Häßlichkeit der Sünde, die ihr Leben bedeckt, nicht ertragen. Aber du konntest die Sünde, die Jesus für mich und Mavis getragen hat, nicht ansehen. Dein Sohn war tot, aber er ist auferstanden und lebt. Mein Kind ist tot in Sünde, aber du willst ihr neues Leben geben. Lieber Gott, willst du mir zeigen, daß das Größte, was ich tun kann, meine Beständigkeit ist, damit sie durch mich sehen kann, wie sehr du sie liebst? Dann hilf mir bitte, diese Liebe ganz deutlich zu machen, so wie du es auf Golgatha getan hast.«

Heute sind beide Töchter mit Christen verheiratet und lassen sich von Gott zum Dienst an anderen Menschen gebrauchen. Carol ist mit ihrem freundlichen Wesen die geeignete Kindermissionarin. Mavis und ihr Mann nutzen ihre Erfahrungen in der Arbeit unter Studenten. Die sanfte und ruhige Carol könnte unter rebellierenden Studenten kaum etwas ausrichten, während Mavis mit ihrer Arbeit bei Kindern fehl am Platze wäre. Die Weisheit und die Geduld Gottes sehen hinter den Augenblick, hinter die momentane Erfahrung. Er nutzt die magnetische Kraft seiner Liebe, die in anderen Menschen sichtbar wird, um uns zu sich zu ziehen.

Liebe wird weitergegeben durch bedingungslose, ausdauernde, unverdiente Freundlichkeit und die Achtung vor dem Wert des anderen. Dieser Wert hat seine Grundlage in dem gemeinsamen Schöpfer; nicht in den Taten des Menschen, sondern in dem Respekt vor der Fähigkeit Gottes, seinen Plan mit dem betreffenden Menschen durchzuführen.

Die Liebe, von der Gott redet, ist kein Gefühl, sondern eine Reihe von Handlungen, ein Verhaltensschema, eine Veränderung der Haltung, die schließlich auch ein »Gefühl« der Liebe bewirkt. Gefühle fließen aus der Kombination von Haltung und Taten, so sicher wie Wasser aus einer sprudelnden Quelle. Wie oft haben Frauen mir gesagt: »Ich möchte mich scheiden lassen, weil ich meinen Mann nicht mehr liebe! Und er liebt mich auch nicht mehr!« Was sie meinen, ist eigentlich: Ich fühle keine Liebe. Aber wenn wir keine Liebe zeigen, werden wir auch keine fühlen.

»Daran haben wir die Liebe erkannt, daß er sein Leben für uns gelassen hat... Lasset uns nicht mit Worten lieben noch mit der Zunge, sondern mit der Tat und mit der Wahrheit. Darin ist erschienen die Liebe Gottes unter uns, daß Gott seinen eingeborenen Sohn gesandt hat in die Welt, daß wir durch ihn leben sollen. Darin steht die Liebe: nicht, daß wir Gott geliebt haben, sondern daß er uns geliebt hat und gesandt seinen Sohn zur Versöhnung für unsere Sünden. Ihr Lieben, hat uns Gott so geliebt, so sollen wir uns auch untereinander lieben. ... Wenn wir uns untereinander lieben, so bleibt Gott in uns, und seine Liebe ist völlig in uns. ...denn gleichwie er ist, so sind auch wir in dieser Welt« (1. Joh. 3, 16. 18; 4, 9–12. 17).

Christus hat uns durch sein sündloses Leben, seinen Tod und seine Auferstehung nicht nur von der Strafe der Sünde befreit, sondern durch seine Gegenwart, durch sein Leben in uns rettet er uns von der Gewalt und Macht der Sünde. Er ist das Vorbild für unser Leben mit den Mitmenschen. Manchmal möchte ich das Endresultat meines Lebens sehen, das Sein wie er, ohne in täglicher Übung meinen Nächsten so lieben zu müssen, wie er mich liebt. Dann ist es gut für mich, zurückzuschauen und mich daran zu erinnern, was er für mich getan hat. Wie groß ist die Schuld, die er vergeben hat? Wie viele Male hat er mir seine Liebe erzeigt, wenn ich sie am wenigsten verdient hatte? Wem kann ich heute solche Liebe zeigen?

Den Mitmenschen Liebe zu erzeigen, wurde den ersten Christen nicht zur Wahl gestellt, es wurde ihnen befohlen. »Du sollst deinen Nächsten lieben wie dich selbst« (Matth. 22, 39). Wir können es auch anders ausdrücken: Du sollst für den anderen alles tun, was du für dich selbst auch tun würdest! Die Zeitgenossen Jesu verwunderten sich über die Liebe, die er durch seine Taten den Niedrigsten und Ärmsten zukommen ließ. Er diente dem inneren Menschen durch ihr äußeres körperliches Sein. Er hätte es nicht nötig gehabt, den Leprakranken anzufassen, er hätte nur ein Wort zu sagen brauchen, und der Kranke wäre gesund gewesen. Aber er wußte, daß diese Unreinen, Unberührbaren die Liebe und Wiederherstellung durch die Berührung einer liebenden Hand brauchten.

Es ist dieselbe Hand, die heute unser Leben anrührt, indem er uns äußere und innere Segnungen mitteilt. Die Erkenntnis dieser Liebe kann die Heilung vieler Gefühlsstörungen bringen. In 1. Johannes 4, 18 lesen wir: »Furcht ist nicht in der Liebe, sondern die völlige Liebe treibt die Furcht aus; denn die Furcht muß vor der Strafe zittern...« Aus dem zweiten Timotheusbrief erkennen wir, daß Gott uns nicht den Geist der Furcht gegeben hat, sondern der Kraft, der Liebe und der Zucht. In einem Menschen, der nie die Liebe Gottes in der Vergebung seiner Sünden angenommen hat, lebt die Furcht vor dem Gericht Gottes nach dem Tode und die Furcht vor den Erfahrungen des Lebens. Aber auch in den Herzen der Kinder Gottes hat die Angst oft Platz. Sie entsteht, weil man sich auf die Umstände und die Turbulenz um sich herum konzentriert, auf die nachlassende Gesundheit, den verlorenen Posten, auf Einkommen, Familie und Besitz; oder man fürchtet die vergangenen Fehler.

Es gibt zwei Bilder von unserem Leben, und wir haben entweder das eine oder das andere gekauft. Gottes Bild zeigt uns als seine Geschöpfe, die er liebt, die ihm wertvoll sind, mit denen er täglich Umgang hat. Satan zeichnet in seinen Angriffen das Bild einer ungeliebten, wertlosen Kreatur voller Fehler. Welches Bild haben Sie heute gekauft?

Sie sind das Aushängeschild der Liebe Gottes. An Ihnen sollen die Menschen einen lebendigen, liebenden Gott sehen. Damit Sie transparent bleiben, muß das Fenster Ihres Lebens täglich geputzt werden. Nur dann können Sie Liebe, Ermutigung und Verständnis ausstrahlen, die Ihre Familie und Freunde so dringend brauchen.

Wie oft versäumen wir die Gelegenheit, die heilende Kraft Christi denen zu bringen, die sie am nötigsten brauchen. Wie oft sind wir versucht zu denken, wenn Gott die Haltung dieses oder jenes Menschen ändert, dann werde ich ihm Liebe zeigen können. Wenn ich ein größeres Haus, Einkommen, Wagen oder wer weiß was hätte, oder wenn Gott diesen Druck von mir nehmen würde, dann könnte ich freundlicher und liebenswürdiger sein. Wenn aber unser Gehorsam gegenüber dem Gebot Gottes davon abhängt, was Gott oder ein Mensch zuerst für uns tun sollen, dann sind wir es, die sich ändern müssen.

Ein Geschenk ist kein Geschenk, solange wir eine Gegenleistung erwarten. Es ist dann nur ein Austausch, von dem wir einen Vorteil erhoffen. Ein Geschenk ist ein bedingungsloser Verzicht auf etwas, das uns gehört und mit dem wir dem anderen eine Freude machen wollen, ohne etwas dafür zurückzuerhalten. Oft ist es auch eine Ansicht, die wir aus Liebe zu Christus nicht aufgeben wollen. Unser Eigensinn versperrt uns dann die Tür zu einem Leben voller Friede und Freude, voller Lieben und Geliebtwerden.

Diese Tatsache war in der Geschichte einer Frau deutlich zu erkennen, die eines Tages zu mir kam und mir ihre Not klagte. Sie sagte: »Ich liebe meinen Mann, aber ich bin nicht bereit, hinter ihm herzugehen und seine dreckigen Kleider aufzuheben, wo immer er sie fallen läßt. Er kann das genausogut tun wie ich, aber er ist nichts anderes als ein großer, verwöhnter Junge, und ich bin nicht länger bereit, das gutmütig hinzunehmen!«

Etwas später in unserer Unterhaltung fragte sie: »Was soll ich tun, jetzt nachdem er das Haus verlassen hat und ich weder die Miete noch andere Rechnungen bezahlen kann? Ich fühle mich erbärmlich. Was soll aus mir werden?«

Einige Tage später ergab sich die Gelegenheit, mit dem Mann zu reden. Er erzählte: »Ich verstehe sie nicht. Was erwartet sie von mir? Der Tag, an dem ich von zu Hause fortgegangen bin, war einfach zuviel. Ich kam nach Hause und bat sie um eine Tasse Kaffee; das Essen ist sowieso nie fertig, und ich bin hungrig, wenn ich nach Hause komme. Aber sie schrie mich an: ›Hol dir deinen Kaffee selbst!‹ und blieb im Sessel sitzen. Dann bat sie mich, einzukaufen, damit sie etwas zu essen richten könne. Ich sagte ihr: ›Hol es selbst. Du hattest den ganzen Tag Zeit zum Einkaufen und eine ordentliche Mahlzeit auf den Tisch zu bringen.‹«

Was diese Frau wirklich wollte, war, daß ihr Mann ihr seine Liebe und Beachtung schenken würde. Sie dachte, ihr Mann befinde sich den ganzen Tag in einem Wirbel vieler Leute und interessanter Begebenheiten, während sie zu Hause hockte. Hatte sie nicht mehr vom Leben zu erwarten als abends die Hinteransicht eines Kopfes, der in die Zeitung oder das Fernsehprogramm vertieft war, und am Morgen einen Haufen schmutziger Kleider? Für ihn war ein 9- oder 10-Stunden-Arbeitstag, noch dazu unter dem Druck der Konkurrenz, keine Kleinigkeit. Einige Minuten der Entspannung bei einer

Tasse Kaffee, den Tagesnachrichten, mit einer glücklichen Frau und dem Duft eines guten Abendessens waren für ihn sehr wichtig. Jeder erwartete von dem anderen Beweise seiner Liebe, aber keiner legte seine Vorstellung davon, wie das zu geschehen habe, beiseite. Wenn wir den anderen lieben wollen, so muß es so geschehen, daß er es verstehen und akzeptieren kann.

Liebe geht vielerlei Wege

Vor einigen Jahren erhielt eine Freundin von mir von ihrem Mann eine Ferienreise an die Ostküste zum Geschenk, um ihre Familie besuchen zu können. Während ihrer Abwesenheit ließ ihr Mann das Haus vollkommen neu streichen und tapezieren und nahm einige Änderungen vor. Als sie zurückkam und alles sah, rief sie voller Zorn aus: »Er hat mich nur weggeschickt, um das Haus so herrichten zu können, wie er es gerne haben wollte!« Dieser Mann hatte seiner Liebe Ausdruck verliehen, indem er etwas Besonderes für seine Frau tat, statt ihr nur zu sagen, daß er sie liebe. Sie hatte indessen sein Motiv völlig mißverstanden.

Wir müssen unsere Empfindungsfähigkeit entwickeln, damit wir die Liebe, egal in welcher Form sie uns entgegengebracht wird, empfangen und beantworten können. Oftmals zeigen unsere Kinder uns ihre Liebe in einer Weise, für die wir nicht empfangsbereit genug sind. Unser fünfjähriger Jeff kam einmal zu mir in die Küche, um mir zu helfen. Wir erwarteten Gäste zum Abendessen. Der Boden war gewachst und gebohnert. Ein besonderes Essen war vorbereitet. Jeff sah, daß ich noch Zucker für den Nachtisch brauchte, wollte mir die Dose reichen und warf sie dabei auf den Boden. Er versuchte, den Zucker aufzuschaufeln, griff nach einer Tüte und fegte damit die Kaffeesahne vom Tisch.

»Liebling, geh aus der Küche und laß mich saubermachen«, bat ich ihn in scharfem Ton.

Eine Minute später redete Gott zu mir. Ich ließ meine Arbeit liegen und schlich in sein Zimmer. Da saß er an seinem Tisch, das Kinn auf die Brust gesenkt, und sah aus, als ob er seinen letzten Freund verloren hätte. Er war ganz zerbrochen. Alles war verkehrt gegangen, und er hatte doch nur seine Liebe zeigen wollen. Selten ist mein Herz einem Kind so zugeflogen wie dem kleinen Kerl an diesem Tag. Ich habe meinen Arm um ihn gelegt und ihn gebeten, mir zu helfen, weil ich ihn dringend benötigte. Unsere Gäste brauchten keine blanken Böden und schicke Desserts. Sie brauchten die Atmosphäre einer Familie, in der einer den anderen liebt und deshalb auch die Gäste lieben konnte.

Wenn wir die Liebe Gottes weitergeben wollen an die, die sie so dringend brauchen, dann müssen wir mit unseren Familienangehörigen beginnen. Es liegt eine wunderbare Heilkraft im Lieben und Geliebtwerden. Nicht im perfekten Benehmen oder fehlerlosen Dialog finden wir sie, sondern in gegenseitiger Achtung und Wertschätzung, im Einfühlungsvermögen, das uns die Dinge vom Standpunkt des anderen aus sehen läßt – fast als wären wir in seine Haut geschlüpft, im Beiseitesetzen unserer eigenen Vorstellung vom Handeln des anderen uns selbst gegenüber, in der Initiative, Liebe zu zeigen, ohne selbst etwas dafür zu erwarten.

Liebe muß geben oder sterben. Gott ist Liebe, obwohl Liebe nicht Gott ist. Wahre Liebe besteht in der Tatsache, daß Christus in uns lebt, daß sein Leben durch uns Ausdruck findet. Er ist der Ausgangspunkt der Liebe, und wir sind das Organ, durch welches sie sichtbar wird.

»Wer mir folgen will, der verleugne sich selbst und nehme sein Kreuz auf sich und folge mir nach. Denn wer sein Leben erhalten will, der wird es verlieren; wer aber sein Leben verliert um meinetwillen, der wird es erhalten. Denn welchen Nutzen hätte der Mensch, ob er die ganze Welt gewönne und verlöre sich selbst oder nähme Schaden an sich selbst?« (Luk. 9, 23–25).

Das Wort für Leben heißt in der griechischen Sprache (in der das Neue Testament geschrieben wurde) *psuche*. Davon leiten wir das Wort Psyche (Seele) ab. Das griechische Wort schließt die ganze Persönlichkeit, Intellekt, Wille und Gefühle ein. Unsere Gedankengänge und Haltungen sind ein Teil unserer gesamten Persönlichkeit. Wir könnten den obigen Vers daher auch folgendermaßen wiedergeben: Wenn jemand mit Zähigkeit an seinen eigenen Rechten, seiner Haltung, seinen Gedankenmustern und selbstsüchtigen Wünschen festhält, der wird seine ganze Persönlichkeit, Intellekt, Gefühle und Willen zerstören.

Dieser Mensch wird ein Sklave seiner niederen Instinkte werden. Sein Leben wird sich in zunehmendem Maße nur um seine eigenen, selbstsüchtigen Interessen drehen. Er wird immer weniger an seine Mitmenschen und deren Interessen denken und immer mehr in seinen eigenen Gedanken und Wünschen aufgehen, bis sie ihn schließlich von den anderen trennen. Die Selbstsucht wird ihn von den

Menschen trennen, die er am dringendsten braucht. Wenn die Verbindung mit einem Glied der Familie abgebrochen ist, wird das Familienband dadurch geschwächt, ebenso wie eine Kette kürzer und schwächer wird, wenn ein Glied davon zerbrochen ist. Menschen sind lebendige Glieder, die sich gegenseitig tief beeinflussen.

Wir mögen uns weigern, Mißverhältnisse zu sehen und zu bereinigen, aber wir werden gedanklich und gefühlsmäßig nicht frei davon, bis wir Vergebung empfangen oder gewährt haben. Deswegen macht Jesus deutlich, daß ein Mensch zwar alle materiellen Güter der Welt gewinnen kann, daß er aber doch nichts gewonnen hat, wenn er sich dabei selbst zerstört. Er ist ein Unglücklicher und Verworfener geworden.

Wenn wir verworfen sagen, denken wir an Einsamkeit. Einsamkeit kann ein großer Aktivposten sein, wodurch eine Notwendigkeit der Gemeinschaft mit Christus und mit anderen Menschen angezeigt wird. Aber selbstauferlegte Einsamkeit, die uns von Gott und Menschen isoliert, ist zerstörend. Es ist eine Einsamkeit, die mit Selbstmitleid, Bitterkeit und Haß genährt wird.

Jesus zeigt uns die Lösung des Problems, wenn er sagt: »Wer sein Leben verliert (es losläßt) um meinetwillen, wird es finden.« Unsere Rechte, Vorstellungen, Erwartungen und Wünsche, unser Gedankenschema um Christi willen aufzugeben, sie in seine Hände zu legen, ist der Anfang zum Erkennen alles dessen, was er für uns bereitet hat. Es ist der Prozeß der Entleerung, der dem Füllen vorangehen muß.

Eine Illustration dieser Tatsache erlebten wir einmal, als unsere zwei kleinen Söhne vom Strand zurückkamen. Sie waren sehr stolz auf die Schätze, die sie gesammelt hatten, und zeigten einige kleine Krabben in einem Karton mit Seewasser. Nach einer Weile wollten sie Limonade trinken. Ich ging in die Küche und fand den Limonadenkrug mit Krabben und Seewasser gefüllt. Ehe der Krug wieder ein erfrischendes Getränk halten konnte, mußte er vom Salzwasser entleert und gereinigt werden.

Unser Leben wird mit dem Salzwasser der täglichen Erfahrungen angefüllt. Es muß geleert und gereinigt werden. Erst danach können wir erfüllt werden mit der erfrischenden Liebe Gottes. Der Vorrat davon ist so groß, daß wir ihn nicht fassen können, er muß überfließen in das Leben all der Menschen, mit denen wir zusammenkommen.

In Lukas 9, 23 werden wir aufgefordert, unsere eigenen Wünsche und Vorstellungen hinwegzutun und Jesus zu folgen. Das Wort »folgen« hat im Griechischen eine so reiche Bedeutung, daß wir im Deutschen eine ganze Reihe von Wörtern brauchen, um es zu erklären. Es enthält die Bedeutung, daß jemand ganz nahe bei einem anderen geht und seine Ähnlichkeit trägt. Das heißt, er ist ihm so ähnlich geworden, weil er so nahe bei ihm geht. Die Kinder einer Familie tragen bestimmte Merkmale, die andere Leute erkennen lassen, daß sie zu dieser Familie gehören. Wenn die Kinder heranwachsen, zeigen sie viele Charakteristiken dieser Familie.

Das ist genau das, was Gott mit uns tun will. Er will die Ähnlichkeit der Familie Gottes in uns entwickeln, damit die Menschen, mit denen wir leben, in seinen Kindern die Ähnlichkeit mit Christus erkennen können. Er verwöhnt uns nicht, indem er uns gibt, was wir möchten, aber er gibt uns, was wir brauchen. Er zeigt seine Liebe in einer Weise, daß wir sie auch annehmen können; er respektiert uns als Einzelpersönlichkeiten. Er möchte, daß wir in gleicher Weise Liebe erzeigen – völlig frei von Forderungen oder Erwartungen.

Vor einigen Jahren sagte mir ein bekannter Arzt, daß jeder Mensch nur dann sein höchstes Selbst erreichen kann, wenn er in Wahrheit geliebt wird und er völlig sicher in dieser Liebe ist. Es mag gewisse Veränderungen geben, die eine Zeitlang der Entwicklung der Persönlichkeit dienlich sind, aber erst, wenn jemand um seiner Selbst willen geliebt wird, wird der Reichtum seiner Seele erschlossen, und er wird wiederlieben – nicht weil es von ihm erwartet wird, sondern weil sein Leben sicher und reich geworden ist durch die empfangene Liebe.

Wenn wir unser Möglichstes tun, wird Gott gerne das Unmögliche vollbringen. Er will sein Leben und seine Herrlichkeit mit uns teilen. Damit steht uns ein unbegrenzter Reichtum zur Verfügung, den wir an alle austeilen sollen, die er uns über den Weg schickt. Unser eigenes Leben wird dabei immer reicher werden, denn je mehr wir geben, um so mehr wird er uns zuteilen. Seinen Reichtum können wir nicht ausschöpfen. Wir können getrost geben, ohne je etwas dafür zu fordern.

»Lasset uns ihn lieben, denn er hat uns zuerst geliebt. Und dies Gebot haben wir von ihm, daß, wer Gott liebt, auch seinen Bruder liebe« (1. Joh. 4, 19. 21).

Den Trauernden zu Zion soll Schmuck gegeben werden statt Asche, Freudenöl statt Trauerkleider, Lobgesang statt eines betrübten Geistes (Jes. 61, 3).

7. Ein kraftvolles Leben

»Wenn ich mich nur verkriechen und die Welt draußen vergessen könnte. Ich bin zu müde, um auch nur noch einen Tag weiterzumachen...«

Christa ist nur einer von vielen Menschen, die unter diesem Zustand leiden. Millionen von Menschen sind müde und erschöpft. Sie wissen nicht, warum oder was sie dagegen tun können. Aber es gibt einige praktische Schritte zur Überwindung von Trägheit und Schlaffheit und zur Erlangung neuer Energie.

Unter der Decke der Erschöpfung liegt ein neues Selbst verborgen, das auf seine Enthüllung wartet. Es ist ein schönes Selbst, das gerade steht und die Kraft für jeden Tag tief in sich aufnimmt. Es kann durch Glauben in Zuversicht, Liebe, Dankbarkeit und Kraft leben, wenn die Decke, die es hindert, hinweggenommen wird.

Geistliche Erschöpfung

Erschöpfung kann organischen Ursprungs sein, aber in den meisten Fällen hat sie ganz andere Gründe. Selbst die organischen Schwächen sind oft das Ergebnis anderer Zustände. Physische, emotionelle und seelische Ermüdungszustände sind nicht zu umgehende Tatsachen. Aber es gibt eine viel tiefer liegende Erschöpfung, nämlich die des Geistes. Der Geist erlahmt, wenn er nicht mit der Quelle aller Kraft und Energie, mit Gott selbst in Verbindung steht. Grundsätzlich ist Erschöpfung die Abwesenheit oder der Mißbrauch von Kraft.

Es gibt einen direkten Weg zur Kraft Gottes. Jesus sagt: »Mir ist gegeben alle Gewalt im Himmel und auf Erden...« (Matth. 28, 18). Und in Kolosser 2, 9 lesen wir: »In Christus wohnt die ganze Fülle der Gottheit leibhaftig.« Ohne Christus können wir die Kraft Gottes nicht erlangen. Wir können nicht die Geschenke nehmen ohne den Geber, denn die Geschenke sind in ihm.

Ich kann die Wärme des Sonnenscheins genießen, weil ein glühender Ball in etwa 150 Millionen Kilometern Entfernung Licht, Hitze und andere wichtige Strahlen erzeugt. Ohne die Sonne wäre die Erde ein kalter, toter Planet. Wir sehnen uns nach Frieden, Freude, Freiheit, Kraft, Sicherheit, Hoffnung und Glück. Alles das liegt in der Person Jesu verborgen. Wenn wir diese Güter haben wollen, müssen wir ihn haben. Aber wie können wir ihn haben?

Jeder Mensch ist einmalig, und Jesus nähert sich uns auf verschiedene Weise. Als ich fünf Jahre alt war, nahm mich eine Nachbarin dreimal zur Sonntagsschule mit. Die Geschichten von Jesus und seiner Liebe für Kinder ergriffen mein Herz. An einem Sonntag entschied die Nachbarin, daß ich zum Gottesdienst der Erwachsenen bleiben sollte. Ich hörte die Stimme des Pastors donnern und seine Faust auf das Pult krachen, und ich war erschrocken und entsetzt. Ich fing an zu weinen und konnte mich nicht mehr beruhigen. Ich wurde nach Hause gebracht, weil ich mich ungehörig benommen hatte, und mußte warten, »bis ich alt genug sei«.

Wenn ich in der Folgezeit unsere Nachbarin jeden Sonntag zum Gottesdienst fahren sah, schloß ich meine Augen und stellte mir einen Kreis von Kindern vor, die die Geschichten von Jesu Liebe hörten. Eines Tages sah ich andere Nachbarn in das Haus dieser Nachbarin eilen, und mir wurde gesagt, sie sei zu Jesus gegangen. Ich weinte, weil sie so weit fort in den Himmel gegangen war und ich nicht wußte, wie ich auch dorthin kommen konnte. Ich dachte, ich würde nie wieder etwas von Jesus hören.

Meine Eltern waren liebe, nette Leute, aber man redete zu Hause kaum miteinander. Vater war meistens auswärts, und Mutter war verschlossen in ihrer Einsamkeit. In meinen Teenagerjahren war mein Kopfkissen oft naß von Tränen – Tränen der Sehnsucht nach jemand, mit dem ich reden konnte, der die fremden Gefühle der Jugend verstand. Manchmal, wenn die warme Sommerluft mein Gesicht berührte, empfand ich eine große Leere und Verlassenheit, und eine wilde Sehnsucht nach etwas oder jemand erfaßte mich. Aber ich wußte nicht, wonach ich verlangte.

Dann zogen wir in eine andere Gegend. Eine Nachbarin nahm mich zu einer Reihe von Evangelisationsvorträgen mit. Am letzten Abend dieser Versammlungen erklärte der Prediger die Realität von Himmel und Hölle und die Notwendigkeit einer persönlichen Entscheidung für Christus. Nach einer entsprechenden Aufforderung am Ende der Versammlung ging ich nach vorne mit dem überwältigenden Verlangen, Christus kennenzulernen. Zwei Frauen kamen zu mir und sagten, sie wollten für mich beten. Nachdem sie gebetet hatten, fragten sie mich: »Hast du jetzt Heilsgewißheit?«

»Ich merke keinen Unterschied«, erwiderte ich ihnen.

Sie beteten noch einmal für mich, sahen mich hoffnungsvoll an und fragten, ob ich nun wisse, daß ich Christ sei.

»Es tut mir leid«, mußte ich ihnen gestehen, »aber ich fühle mich nicht anders als vorher.«

Sie sahen sich an und fragten sich gegenseitig: »Welche schreckliche Sünde hält dieses Kind wohl von Gott fern?« Dann gingen sie hinweg und ließen mich alleine stehen. Bald danach beendeten die Nachbarinnen, die mich mitgenommen hatten, ihre Unterhaltung mit anderen Frauen und holten mich ab, um mich wieder nach Hause zu bringen. Das war der schlimmste Abend meines Lebens. Der Evangelist reiste sofort nach dem letzten Vortrag ab, und ich kannte sonst niemanden, der mir hätte sagen können, wie ich Gott finden sollte. Wenn meine Nachbarinnen es gewußt hätten, würden sie es mir nicht gesagt haben? Wenn meine Eltern es gewußt hätten, würden sie es mich nicht längst gelehrt haben?

Die Jahre, die darauf folgten, waren gekennzeichnet von einer langen Suche nach etwas Unbestimmbarem, Unerklärlichem. Vielleicht brauchte ich einen netten Mann und ein eigenes Zuhause. Mit achtzehn Jahren heiratete ich. Das war im letzten Weltkrieg, und unser Leben drehte sich um die Nachtklubs. Chicago, Florida, Palm Springs, San Francisco, Las Vegas – von strahlenden Lichtern zu immer grelleren ging unser Taumel, bis alles nur noch ein blendender Glanz war. Eines Nachts in Las Vegas begann Gott, mir die Jahre meines Lebens vor Augen zu stellen. Meine große Einsamkeit, die keine Menschenmenge ausfüllen konnte, wurde mir neu bewußt. Ich verließ das rauschende Fest und wanderte hinaus, der großen Wüste entgegen. Die Sterne strahlten in majestätischer Pracht. Ich dachte: Es ist doch eigenartig, daß sie nie zusammenstoßen. Offensichtlich haben sie keine Schwierigkeit, in ihrer eigenen Bahn zu bleiben. Wenn es einen Gott gibt, der all diese Harmonie und Schönheit geschaffen hatte, warum kann er dann für die Menschen nicht dasselbe tun? Warum kann ich keinen Sinn für mein Dasein finden? Am nächsten Tag reisten wir nach Oakland in Kalifornien ab, wo wir eine Wohnung mieten wollten. Wir waren übereingekommen, daß ich aufhören würde zu arbeiten und daß wir unseren kleinen Sohn nach Hause holen wollten, der bis dahin in privaten Kinderheimen oder bei den Großeltern gelebt hatte. Ich wußte nicht, was ich mit einem fünfjährigen Kind tun sollte, aber ich hatte eine Einladung gesehen, auf der stand: Ferien-Bibelschule für alle Jungen und Mädchen. Ich hatte weder eine Ahnung, was eine Ferien-Bibelschule war, noch was ich mit unserem fünfjährigen Sohn anfangen sollte. Aber da stand: Für *alle* Jungen und Mädchen. Demnach war auch unser Sohn dafür geeignet. Das schien mir eine glückliche Lösung zu sein. Bis mittags würde er jeden Tag dort verbringen. Der Mittagsschlaf würde fast den ganzen Nachmittag ausfüllen, dann kam das Abendbrot, und anschließend war es Zeit für ihn, ins Bett zu gehen. Ich würde zwei ganze Wochen zur Verfügung haben, um zu lernen, wie man ein Kind erzieht.

Am Montagmorgen standen wir in einer Reihe zappelnder und quakender Kinder, die darauf warteten, aufgenommen zu werden. Wenn es etwas gab, das ich nicht liebte, dann waren es Kinder. Und hier war ich von einer schreienden Menge von Kindern umgeben. Ich hätte mir nie träumen lassen, daß ich in wenigen Wochen selbst anfangen würde, mit Kindern zu arbeiten, und daß ich diese Arbeit durch Jahre hindurch an Tausenden von ihnen fortsetzen würde. Aber – da waren wir, und da war Gott.

Am anderen Ende des Raumes, in dem wir uns befanden, wurde irgend etwas vorbereitet. Dann hörte ich eine fantastische Geschichte von Jesus und sah, wie sie bildlich an einer Flanelltafel dargestellt wurde. Zwanzig Jahre waren ausgelöscht. Durch meinen kleinen Sohn hatte ich Gottes Sohn wiedergefunden. Eine Geschichte, die hier den Fünfjährigen erzählt wurde, knüpfte da an, wo vor langer Zeit eine Sonntagsschullehrerin aufgehört hatte. Kurz danach ging ich nach Hause, ganz betäubt von der Schönheit der Geschichte.

Zu Hause in der Küche griff ich nach der Uhr an meinem Herd. Ich stellte sie auf 30 Minuten und sagte: »Das war eine schöne Geschichte. Ich weiß nicht, wer du bist, Jesus. Aber wenn es wahr ist, daß du der Sohn Gottes bist, daß du dich um mich kümmerst und daß du den Sturm stillen kannst, dann beruhige auch bitte den Sturm in meinem Leben.« Ich hob drei Finger zu dem unsichtbaren Gott empor und fuhr fort: »Über diese drei Dinge in meinem Leben kann ich nicht Herr werden (ich nannte alle drei Probleme). Kannst du für 30 Minuten die Kontrolle darüber übernehmen?«

Eine halbe Stunde später stellte ich die Uhr auf weitere 30 Minuten und erkannte danach, daß Gott jedesmal Herr der Lage geblieben war. Ich tat einen Schritt im Glauben und stellte die Uhr auf eine Stunde. Gottes Macht war ausreichend. Ich streckte meine Hände aus in die Leere und sagte: »Gott, ich weiß nichts über dich und deine Bibel, aber ich weiß, daß du gerade etwas getan hast, was ich nicht tun konnte. Bitte übernimm du von jetzt ab die Kontrolle über jede Minute meines Lebens. Ich möchte dich kennen- und liebenlernen. Aber du wirst sehr geduldig mit mir sein müssen, denn ich bin völlig unwissend. Willst du mich bitte alles lehren, was ich wissen muß?«

Das geschah vor etwa 25 Jahren. Seitdem hat Gott nie versäumt, mir und meiner Familie zu geben, was wir brauchten, obwohl er uns viele Male durch die ungewöhnlichen Wege, die er dabei wählte, erschüttert hat.

Er will auch Ihr Leben mit Schönheit erfüllen, wenn Sie die toten Erfahrungen, Ängste und Nöte ihm überlassen. Er lebt! Aber Sie können ihn nur sehen, wenn Sie glauben, daß er tun wird, was er verheißen hat. Ich habe keine Glocken läuten hören und keine überirdischen Lichter gesehen, als ich mein Leben ihm übergab, ich habe nur einfach Gott beim Wort genommen. Welche Größe des Glaubens, der Freiheit und Kraft hat Gott für uns bereit, wenn wir ihm die Kontrolle über unsere kurze physische Existenz überlassen. Wie oft verschwindet die Müdigkeit, die Erschöpfung, das Gefühl, ausgepumpt zu sein, wenn wir der Wirklichkeit Gottes Platz machen. »Die Freude am Herrn ist meine Stärke« (Neh. 8, 10). Die Freude des Geistes triumphiert über die niederdrückenden und ermüdenden Erfahrungen.

Erschöpfung der Gefühle

Die Geschehnisse, die uns die meiste Kraft kosten, können die wertvollsten sein. Gold wird durch Feuer geläutert. Je größer die Hitze, um so reiner ist das Endprodukt. »Ihr, die ihr aus Gottes Macht durch den Glauben bewahrt werdet zur Seligkeit, welche bereit ist, daß sie offenbart werde zu der letzten Zeit. Darüber freuet euch, die ihr jetzt eine kleine Zeit, wenn es sein soll, traurig seid in mancherlei Anfechtungen, auf daß euer Glaube rechtschaffen und viel köstlicher erfunden werde als das vergängliche Gold, das durchs Feuer bewährt wird, zu Lob, Preis und Ehre, wenn offenbart wird Jesus Christus« (1. Petr. 1, 5–7).

Je heißer das Feuer unserer Nöte und Konflikte, um so herrlicher wird das Resultat – das von Gott geformte Leben. Edelsteine der Könige mußten mit Sorgfalt poliert werden. Gott bezeichnet seine Kinder als seine Edelsteine. Sie leuchten um so heller, je besser die Umstände sie polieren.

Lassen Sie mich erzählen, wie ich mit Frau Johnson bekannt wurde. Wir waren in ein Haus nahe am Strand gezogen. Unsere zwei kleinen Söhne hüpften den Gehweg hinunter zum Wasser. Plötzlich, ohne Warnung, richtete unsere neue Nachbarin den Gartenschlauch mit einem starken Wasserstrahl auf die zwei ahnungslosen Kinder und schrie sie an, von ihrem Gehweg zu verschwinden.

Es war leichter, ihre Tränen abzuwischen und ihnen trockene Kleider anzuziehen, als die Rachegefühle in meinem Herzen zu stillen. »Liebet eure Feinde... Betet für die, die euch verfolgen!« Die Worte Jesu aus Matthäus 5, 44 klangen in meinem Herzen.

»Aber, Herr, sie ist doch verkehrt und schrecklich unfreundlich!« Wie mit leiser Stimme gab sein Geist mir zu bedenken: Wenn sie Kinder so sehr haßt, muß sie eine arge Enttäuschung mit ihnen erlebt haben.

Am nächsten Tag brachte ich ihr eine schöne Lilie. Sie war alt und sehr einsam. Ihre Blumen waren ihre ganze Welt. Ich erfuhr, daß sie erwachsene Kinder hatte, die sie nie besuchten, obwohl sie in der Nähe wohnten. Wie tief waren ihre Wunden geworden an allen Muttertagen, Weihnachten und ähnlichen Zeiten, die sie allein verbracht hatte, ohne ihre Enkelkinder zu sehen. Von ihren eigenen Kindern verlassen, lehnte sie alle anderen Kinder ab, die nur durch ihr Dasein an ihre Wunden rührten.

Durch die Anteilnahme an Pflanzen und Kindern wurden wir bald Freunde. Wer hätte gedacht, daß Gott uns durch verletzte Gefühle, die eine zornige Reaktion auslösten, eine »Wahloma« bescheren würde?

Zorn kann benutzt werden, um Freundlichkeit und Liebe zum Ausdruck zu bringen. Er kann neue Energie und Vitalität wecken. Wer hatte durch unsere Erfahrung wohl das meiste profitiert: die Nachbarin, die Kinder oder ich? Es ist schade, wenn wir uns selbst und andere um das Glück betrügen, das Gott für uns vorgesehen hat.

Zorn ist mißgeleitete Energie und oft das Ergebnis von verletzten Gefühlen. Irgend etwas oder irgend jemand hat unsere Überzeugung, unseren Sinn für Schönheit, unseren Glauben, unsere politische oder soziale Meinung mißachtet. Wir sorgen uns um die täglichen Geringfügigkeiten, wir nehmen anderen ihre vermeintlichen Freiheiten und Privilegien übel, vor allem, wenn wir meinen, sie gingen auf unsere eigenen Kosten. Und wir werden zornig und fühlen uns mißbraucht.

In solchen Lagen müssen wir lernen, unseren Zorn in positiver Weise abzureagieren, anderenfalls schlucken wir ihn hinunter und decken alles zu, bis uns dann irgendwann »der Hut hochgeht«. Die Menschen, die unseren Zorn am meisten reizen, brauchen gewöhnlich am dringendsten unsere Freundlichkeit und Liebe. Gott ist bestimmt daran interessiert, uns in den Himmel zu bringen, aber er ist ebenso daran interessiert, ein Stück Himmel in unsere Herzen und Häuser zu bringen.

Angst ist ein anderer großer Räuber unserer Energie. Bei Karin war es die Angst vor dem Altwerden, die Angst, Bewunderung, Kameradschaft, Respekt, Anerkennung von Ehemann, Kindern und Freunden zu verlieren. Ihre Ängste kamen in klug verkleideten Depressionen zum Ausdruck. Unbewußt galt ihre ganze Aufmerksamkeit ihrer äußeren Erscheinung statt ihrem inneren, geistlichen Leben. Jede neue Falte, jedes Pfund, das sie zunahm, und jedes neue graue Haar drückte sich in wachsender Unsicherheit aus. Ihre Reaktion war entweder völlige Vernachlässigung ihres Äußeren oder Extravaganz. Bei allem blieb ihre innere Furcht die gleiche.

Die meisten interessanten, kreativen, geachteten und gesuchten Menschen, die ich kenne, tragen einen Silberschein. Ihr Haar hat längst den Glanz der Jugend eingebüßt, aber ihre Persönlichkeit, geprägt durch Freundlichkeit, Geduld, Weisheit, Verständnis, Vergebung und Hoffnung, ist so gewinnend, daß es für Menschen aller Altersgruppen eine Freude ist, mit ihnen zusammen zu sein. Zu solcher Persönlichkeit wächst man nur im Laufe von Jahren.

Wenn man sich auf seine äußere Erscheinung verläßt, um die innere Leere zu verdecken, dann hat man allerdings allen Grund, sich vor dem Altwerden zu fürchten. Wenn das bei Ihnen der Fall ist, dann ändern Sie noch heute Ihre Zielsetzung! Fangen Sie an, Ihren inneren Menschen zu entwickeln, der nie verfällt, der nur von der Zeit in die Ewigkeit versetzt wird. Wir sind heute der Wirklichkeit unserer neuen Behausung (siehe 2. Korinther 5, 2), die wir von Gott empfangen werden, ein klein wenig näher als vor einem Jahr. Wir sollen daran arbeiten, diesen Körper einmal auszufüllen. Mitnehmen können wir nur das, was wir weggegeben haben.

Eine vernünftige Pflege unseres Körpers findet ihren Lohn. Angemessener Schlaf, richtige Ernährung, wenn nötig zusätzliche Vitamine, sind notwendig für unsere Gesundheit. Aber oft sind all unsere Anstrengungen vergebens. Die meisten von uns bekommen nicht mehr genug Sauerstoff, um überflüssiges Fett verbrennen zu können. Sauerstoff ist eine Energiequelle. Die fehlende Energie suchen wir durch mehr essen zu ersetzen. Dadurch wird das Problem oft vergrößert und unser Gewicht auch.

Wir leisten nicht mehr die schwere körperliche Arbeit wie früher. Deshalb atmen wir nicht tief genug. Die Aufnahme des Sauerstoffs ist also begrenzt, ganz zu schweigen von der verseuchten Luft. Das Heizungssystem unserer Wohnungen verbraucht oft noch zusätzlichen Sauerstoff.

An einem trüben Montagmorgen war mir jeder Schritt zuviel. Ich hatte das Frühstück bereitet, Schulbrote und Schulkleider gerichtet. Endlich waren die Kinder mit einem schnellen »Tschüs« verschwunden. Ich ging durch den Vorgarten zu dem stillgewordenen Haus zurück, zu müde, um an die Tagesarbeit zu denken. Ich blieb bei einer Rose stehen, um ihren Duft zu genießen, zupfte auch gleich einige Unkräuter aus und war in der erfrischenden Luft und dem Sonnenschein bald munter bei der Arbeit. Ein schneller Spaziergang oder manchmal nur tiefes Atmen in der frischen Luft kann durch die vermehrte Zufuhr von Sauerstoff neue Energien wecken. Schauen Sie sich genau im Spiegel an! Was sehen Sie? Wenn wir unseren Körper hängenlassen, sehen wir alt aus. Eine gute Körperhaltung hilft, die Müdigkeit zu überwinden. Atmen Sie tief ein, schon fühlen Sie sich besser. Stehen Sie gerade und strecken Sie sich nach der Zimmerdecke aus. Ihre Lungen können dann besser arbeiten. Eine aufrechte Haltung bringt viele körperliche und psychische Vorteile.

Erinnern Sie sich an das erste Kapitel dieses Buches? Sie sind etwas Besonderes in den Augen Gottes. Sehen Sie sich selbst in die Augen und sagen Sie laut: »Lieber Gott, ich danke dir, daß du mich gemacht hast. Ich bin deiner Hände Werk. Ich danke dir, daß du durch deinen Geist heute in meinem Körper wohnen willst. Ich bin glücklich, ihn dir zur Verfügung zu stellen.« Lächeln Sie sich selbst zu! Wenn Sie das nicht tun wollen, warum erwarten Sie es dann von anderen? Die Bibel bietet Finsterlingen und Trauerklößen keine Krone an. Sie redet vielmehr von einem Dienst der Ermutigung, der

Gastfreundschaft, der Liebe und Freundlichkeit und von dem herrlichen Lohn, den Gott schenken wird.

Glücklichsein ist...

Die Grundsätze, die ich Ihnen in diesem Buch geschildert habe, sind Gottes Regeln zu einem glücklichen Leben. Weil sie Gottes Gesetze sind, werden sie in jedem Leben, das danach ausgerichtet wird, ihren Zweck erfüllen. Viele Menschen profitieren von diesen Regeln, ohne zu erkennen, daß Gott sie gegeben hat. Zum Beispiel haben viele Menschen durch die Erfahrungen ihres Lebens gelernt, daß man erntet, was man sät (Gal. 6, 7). Das heißt, wenn man anderen Freundlichkeit, Liebe und Ermutigung gibt, wird das eigene Leben dadurch reicher. Das ist eine Lebensregel, die Gott in die Welt gesetzt hat.

In dem Vorwort dieses Buches ist von Kevin, einem vierzehnjährigen Jungen, die Rede, der in einem Zuhause lebt, das durch Konflikte erschüttert ist. Er sagt: »Meine Eltern sind Christen. Wir gehen zur Kirche, beten und geben den Zehnten. Aber unsere Haltung zueinander ist so, als ob wir uns hassen. Mein bester Freund geht nicht zur Kirche. Seine Eltern sind Atheisten, und trotzdem liebt einer den anderen. Was ist mit unserer Familie verkehrt?«

An Gott und seinem Wort liegt es nicht, wenn wir nicht das glückliche Leben führen, nach dem wir uns sehnen. Er hat dieses Sehnen in uns hineingelegt. Die einfache Tatsache ist, daß viele Christen zwar das Prinzip der Sündenvergebung erkannt haben, daß sie aber die Regeln zu geistlichem, gesundem Wachstum ignorieren. Sie wissen sich in der Familie Gottes und gerettet für alle Ewigkeit. Aber sie vergessen, daß sie, solange sie auf dieser Erde leben, in Gottes Schule sind und in einem ständigen Lernprozeß stehen. Viele schmerzvolle und schwierige Erfahrungen läßt Gott zu, damit wir von einem ichbezogenen Leben befreit werden und die herrliche Freiheit und Freude eines von Christus regierten Lebens entdecken.

Kevins Freunde hatten die Rettung in Christus noch nicht erkannt. Wenn sie die Vergebung ihrer Sünde nicht annehmen, werden sie in Ewigkeit die Trennung von Gott und damit nie endende Pein erdulden. Die Jahre, die ihnen von ihrem barmherzigen Schöpfer gegeben wurden, haben sie bis dahin nur in ihr zeitliches Leben investiert, ohne die geringste Vorbereitung auf die Ewigkeit. Aber sie haben in dieser Zeit das Glück entdeckt, das aus der Aufgabe persönlicher Rechte und Wünsche zugunsten des anderen resultiert. Da das ein Prinzip Gottes ist, wird jeder Mensch, der danach lebt, davon profitieren, auch wenn er Gott als den Initiator des Prinzips nicht erkennt. Kevin hat das Vorrecht, ihnen von dem Weg Gottes zu berichten und von ihrer Erfahrung der praktischen Nächstenliebe zu gewinnen.

Der Christ hat jedenfalls viel mehr Grund, diese praktische Nächstenliebe, die in Vergebung, Freundlichkeit und Verständnis besteht, zu üben, denn er hat erkannt, daß sie von Gott stammt. Allzuoft führt unsere Erkenntnis über Art und Weise, wie wir unserem Nächsten begegnen sollen, dazu, daß wir die entsprechende Haltung uns gegenüber erwarten; unsere Einstellung dem anderen gegenüber kann dann sehr kritisch und hochmütig werden, wenn sein Verhalten unseren Erwartungen nicht entspricht. Wir können so leicht feststellen, was mit unserem Nachbarn verkehrt ist, während in Wirklichkeit wir diejenigen sind, die sich ändern und ihr Leben nach den göttlichen Prinzipien ausrichten müssen.

Freundlichkeit besteht nicht in Worten, man kann sie dem anderen nur in Taten zeigen. Wir müssen sie praktizieren, ehe wir erwarten können, daß sie im Leben der anderen sichtbar wird. Dem Christen stehen die Kraftquellen Gottes zur Verfügung, die ihn befähigen, diese Grundsätze anzuwenden. Wie können wir von anderen, die Christus noch nicht kennen oder eben erst ihren Weg mit ihm begonnen haben, mehr erwarten als von uns selbst? Nicht die umfassende Erkenntnis geistlicher Wahrheiten wird einen Menschen, der Gott braucht, überzeugen, sondern ein Leben, das von Gott regiert wird.

Ich habe Ihnen sieben Schritte gezeigt, die Gott in seiner Liebe für uns geplant hat, um uns Hoffnung, Freiheit, Frieden, Freude, volle Zuversicht, Liebe und Kraft zu vermitteln. Es ist mein Gebet, daß dieses Buch Ihnen nicht verschlossen bleibt, daß es lebendig wird in Ihrem Leben und daß das letzte kurze Anschauen der einzelnen Prinzipien in Ihnen den Entschluß reifen läßt, ab heute ein neues Leben zu beginnen.

Wenn wir jeden Tag in der Hoffnung und Erwartung eines glücklichen Lebens in dieser Zeit und in viel vollkommener Weise in der Ewigkeit leben wollen, so müssen wir uns daran erinnern, daß wir einmalig sind. Der allweise, liebende Gott wußte, was er tat, als er Sie zu seiner Ehre so schuf, wie Sie sind. Niemand sonst in dieser Welt kann genau das tun, wofür Sie ausersehen sind. Auf keinem anderen, selbstgewählten Weg können Sie vollkommen glücklich sein, als nur auf dem einen, den Gott für Sie bestimmt hat. Sie können ihn in vollem Vertrauen in die Führung Jesu gehen. Die Hoffnung erhebt uns hoch über die Monotonie der Masse, denn wir wissen, daß wir Gottes einzigartige Schöpfung sind. Es wird nie ein zweites Sie geben.

Suchen Sie unbegrenzte Freiheit? Sie können Sie nur finden, wenn Sie mit Gott über den Dingen stehen! Sehen Sie die Geschehnisse, Orte, Menschen und Umstände vom Standpunkt Gottes aus an. Freuen Sie sich, daß er in seiner Liebe und Weisheit Sie mit den einzelnen Lebenslagen konfrontiert, denn nur in der Konfrontation mit den Konflikten werden Sie geheilt und frei von Angst, Sorge und Enttäuschung. In dem Wissen, daß »das Alte vergangen ist« (2. Kor. 5, 17), liegt die Erneuerung, die Ermutigung, über den Augenblick hinaus in die Zukunft zu sehen, die durch diese Erfahrung reicher sein wird.

Sehnen Sie sich nach Frieden? Es bringt wunderbaren Frieden und Ruhe, jeden Tag neu beginnen zu können, ohne etwas von gestern mitschleppen zu müssen. Nehmen Sie mit Freuden diesen vollkommen neuen, frischen Tag aus der Hand Gottes. Die Gelegenheiten und Erfahrungen, die heute auf Sie warten, waren nie vorher da und werden in derselben Weise nie wiederkommen. Die Fehlhaltung, Gefühle und Verletzungen von gestern sind hinweggetan, so wie man dreckige Kleider auszieht und wegtut. In der Natur um uns herum geschieht fortwährend dasselbe. Altes fällt ab, damit neues Leben blühen und wachsen kann. So müssen wir auch sein. Schuld und Fehler brauchen den neuen Tag nicht zu verdunkeln, denn die Herrlichkeit des auferstandenen Christus überstrahlt diesen Tag, den wir mit ihm leben dürfen.

Erscheint freudige Zuversicht Ihnen als unerreichbarer Traum, als schillernde Seifenblase? Sie wird nicht platzen und sich in Nichts auflösen, wenn Sie im Glauben die Gegenwart Jesu erkennen und jeden Augenblick Ihres Lebens an seiner Hand gehen. Ihr Glaubensblick muß durch einen bewußten Willensakt auf die Dinge gerichtet werden, die wahrhaftig, ehrbar, gerecht, rein, lieblich und gut sind, die das Wesen Gottes kennzeichnen, damit auf diese Weise Ihr Leben in das seine umgeformt wird. So wie unsere Gedanken sind, so sind wir selbst. Wir können unsere Denkfähigkeit und unser Gedächtnis trainieren. Es soll uns daran erinnern, Gott zu loben und zu preisen. Es soll die Verheißungen Gottes in Herz und Sinn bewahren. Unser Tun reflektiert die frohe Zuversicht, die aus dem

Leben mit Christus wächst, in welchem wir die Kraft einsetzen, die er uns gibt.

Die unerschütterliche und notwendige Sicherheit, die doch manchmal nicht da zu sein scheint, liegt in den durchbohrten Händen, die alle Verantwortung tragen und die Sie fest an dem Herzen der Liebe halten. In seinen Armen können Sie getrost ausruhen. Nichts kann diese Sicherheit erschüttern, und niemand kann sie von Ihnen nehmen. Alles andere, auf das Sie Ihr Vertrauen setzen mögen, kann verschwinden oder sich ändern, aber Gott ist derselbe – gestern, heute und in alle Ewigkeit. Er will gerne das Unmögliche für Sie vollbringen, wenn Sie Ihr Möglichstes tun und alles andere ihm überlassen. Die Unterschiede zwischen Mann und Frau, Eltern und Kindern und in allen anderen menschlichen Beziehungen werden zur gegenseitigen Ergänzung, wenn Sie die Wirklichkeit der Herrschaft Gottes in Ihrem Leben erkennen und akzeptieren.

Was der Mensch am notwendigsten braucht und was ihm die reichsten Erfahrungen bringt, ist, zu lieben und geliebt zu werden. Die Liebe, die in Gott ihren Ursprung hat, schätzt und respektiert den Nächsten in seiner Andersartigkeit, sie überläßt ihn der Führung Gottes und tritt selbst zurück. Achten Sie den anderen, erkennen Sie seinen Wert, ohne notwendigerweie mit seinem Tun einverstanden zu sein. Denken Sie daran, daß Liebe geben und empfangen kein Handel ist, kein Austausch von Geschenken, sondern ein Geben ohne Lohngedanken, ein Geben der ganzen Persönlichkeit, um den anderen vollkommen zu machen. Sich selbst entleeren, jegliche Sorge um die eigenen Wünsche und Nöte aufgeben, schafft die Kapazität, Liebe zu geben und zu empfangen. Lernen Sie die Kraft der Liebe kennen, die durch keine Furcht geschmälert werden kann. Zu lieben heißt, so zu leben, wie Jesus lebte. Er lebt heute in Ihnen, wenn Sie ihm gehören.

Vitalität und Energie können aus der Asche von Sorgen, Erschöpfung und Niedergeschlagenheit erstehen. Zorn kann in positive Bahnen gelenkt werden. Sie können aufrechtgehen und die Furcht unter Ihre Füße treten.

Gott hat uns eine fantastische Welt gegeben. Leider sind wir Menschen sehr schlechte Haushalter gewesen. Gott hat einen neuen Himmel und eine neue Erde versprochen, die noch viel herrlicher sein werden. »Dann werden die Himmel zergehen mit großem Krachen; die Elemente werden vor Hitze schmelzen, und die Erde und die Werke, die darauf sind, werden verbrennen« (2. Petr. 3, 10).

Auf der neuen Erde werden keine Fehler und Schwächen mehr zu finden sein. »Und ich sah einen neuen Himmel und eine neue Erde; denn der erste Himmel und die erste Erde vergingen, und das Meer ist nicht mehr. Und ich hörte eine große Stimme von dem Thron, die sprach: Siehe da, die Hütte Gottes bei den Menschen! Und er wird bei ihnen wohnen, und sie werden sein Volk sein, und er selbst, Gott, wird mit ihnen sein; und Gott wird abwischen alle Tränen von ihren Augen, und der Tod wird nicht mehr sein, noch Leid noch Geschrei noch Schmerz wird mehr sein; denn das Erste ist vergangen« (Offb. 21, 1. 3–4).

Gott hat sein Leben für Sie gegeben. Und er hat Richtlinien gegeben, durch die sein Wesen in Ihrem Leben sichtbar werden soll. Sie können in der Kraft Gottes ein Leben in Wahrheit, Freiheit und Glück führen. Jesus ist diesen Weg von Hoffnung, Freiheit, Zuversicht, Frieden, Liebe, Sicherheit und Kraft vor Ihnen gegangen. Wenn Sie ihm nachfolgen, ganz nahe bei ihm gehen, wird Ihr Leben dem seinen ähnlich werden. Die Welt wird an Ihnen sehen, daß Gott lebt.

»Gib ihnen Schmuck statt Asche, Freudenöl statt Trauerkleider, Lobgesang statt eines betrübten Geistes, daß sie genannt werden Bäume der Gerechtigkeit, Pflanzung des Herrn, ihm zum Preise« (Jes. 61, 3).

In der TELOS-Paperbackreihe erscheinen folgende Titel

1002 Wilhelm Busch
Gottes Auserwählte
1004 Wilder Smith
Ist das ein Gott der Liebe?
1005 Fritz Hubmer
Im Horizont leuchtet der Tag
1008 Fritz Hubmer
Weltreich und Gottesreich
1010 Erich Wilken
Auf d. Spuren bibl. Gescheh.
1011 Otto Riecker
Herausforderung an die Gem.
1012 Watchman Nee
Freiheit für den Geist
1013 Anny Wienbruch
Der Leibarzt des Zaren
1014 Watchman Nee
Zwölf Körbe voll, Bd. 1
1015 Fritz May
Die Drogengesellschaft
1016 Norbert Fehringer
Thema: Frömmigkeit
1017 Fritz May
Der verfälschte Jesus
1018 Ernst Modersohn
Die Frauen d. Alten Testam.
1019 Ernst Modersohn
Die Frauen d. Neuen Testam.
1020 Paul Müller
Die unsichtbare Welt
1021 Ruth Frey
Arbeit unter Kindern
1022 Oswald Smith
Glühende Retterliebe
1023 Oswald Smith
Ausrüstung mit Kraft
1024 Erich Schnepel
Das Werk Jesu in uns . . .
1026 Anny Wienbruch
Im Schatten der Zaren
1027 Watchman Nee
Zwölf Körbe voll, Bd. 2
1028 Watchman Nee
Zwölf Körbe voll, Bd. 3
1029 Werner Krause
Freuet euch allewege
1030 Hel. Good Brennemann
Und doch nicht vergessen
1031 Anny Wienbruch
Unter dem roten Sonnenschirm
1032 Helmut Ludwig
Die Welt horcht auf
1033 E. J. Christoffel
Aus d. Werkstatt ei. Mission.
1035 G. R. Brinke
Jenseitiges und Zukünftiges
1036 Elli Kühne
Da bewegte sich die Stätte
1039 Alfred Christlieb
Ich freue mich über dein Wort
1041 Lon Woddrum
Liebe hofft immer alles
1042 Horst Marquardt
Die Sprache der Gräber
1043 Werner Krause
Meine Brüder – die Indianer
1045 Otto Riecker
Bildung und Heiliger Geist
1046 Joyce Landorf
Seine beharrliche Liebe
1047 Helen Manning
Die Blutzeugen vom Sengtal
1048 Anny Wienbruch
Ein Leben für Gustav Adolf
1049 Werner Krause
Keinen Raum in der Herberge
1050 Georg R. Brinke
Die Symbolik d. Stiftshütte
1051 Alfred Kuen
Gemeinde n. Gottes Bauplan
1053 Jill Renich
Den Ehemann verstehen
1054 Alfred Christlieb
Ich suche, Herr, dein Antlitz
1055 Wilfried Reuter
. . . und bis ans Ende der Welt
1056 H. und G. Taylor
D. geistl. Geheimn. H. Taylors
1057 Ulrich Affeld
Unter der Treue Gottes
1058 John F. u. E. Walvoord
Harmagedon, Erdöl und . . .
1059 Heinrich Jochums
Was haben wir an Jesus
1060 Erich Beyreuther
Der junge Zinzendorf
1061 Herbert Masuch
Handb. f. dyn. Gemeindearb.
1062 Anny Wienbruch
Die fröhliche Familie
1064 Anny Wienbruch
Das sonnige Haus
1065 Anny Wienbruch
Sie waren mir anvertraut
1068 Georg Urban
Carl Peter, Eine Rebe . . .
1070 C. H. Spurgeon
Ratschläge für Seelengewinner
1071 Elsbeth Walch
Tante Lydia wird schon . . .
1072 Elsbeth Walch
Zum Glück gibt's Tante Lydia
1074 Alfred Christlieb
Der Apostel Paulus
1075 H. E. Nissen
. . . und der Geist schrie
1076 Eduard Ostermann
Zukunft ohne Hoffnung?
1078 James M. Boice
Die letzte und die zukünftige Welt
1079 L. A. T. Van Dooren
Menschen fischen – persönliches Engagement
1080 Anny Wienbruch
Ein König wird frei
1082 Watchman Nee
Der geistliche Christ I
1083 Watchman Nee
Der geistliche Christ II
1084 Watchman Nee
Der geistliche Christ III
1085 Alfred Christlieb
Vollmacht von oben
1086 Fritz May
Israel zwischen Weltpolitik und Messiaserwartung
1087 Kurt Scherer
Mit Streß leben
1088 G. Karssen
Mensch, Frau und Mutter in der Bibel
1092 Billy Graham
Engel – Gottes Geheimagenten
1097 Heinrich Johannes
In Jesus haben wir alles
1098 Michael Bordeaux
. . . und die Ketten nicht fürchten
1109 Charles W. Colson
Watergate – wie es noch keiner sah